Monteiro
LOBATO

Monteiro LOBATO

MUNDO DA LUA

EDITORA GLOBO

Gerente editorial: Maria Cecília Bassarani
Edição: Camila Saraiva e Luciane Ortiz de Castro
Assistente editorial: Lucas de Sena Lima
Edição de arte: Adriana Bertolla Silveira
Diagramação: Fernando Kataoka e Gisele Baptista de Oliveira

Consultoria e pesquisa: Marcia Camargos e Vladimir Sacchetta
Preparação de texto: Márcio Guimarães de Araújo
Revisão: Cláudia Cantarin, Margô Negro e Página Ímpar
Produção editorial: 2 Estúdio Gráfico
Direção de arte: Adriana Lins e Guto Lins / Manifesto Design
Projeto gráfico: Manifesto Design
Designer assistente: Nando Arruda
Editoração eletrônica: Susan Johnson

Créditos das imagens: Acervo Cia. da Memória (página 18); Arquivo Família Monteiro Lobato (páginas 14, 20 e 21)

Texto fixado conforme as regras do Acordo Ortográfico da Língua Portuguesa (Decreto Legislativo nº 54, de 1995).

Dados Internacionais de Catalogação na Publicação (CIP)
(Câmara Brasileira do Livro, SP, Brasil)

Lobato, Monteiro, 1882-1948.
Mundo da Lua / Monteiro Lobato. – São Paulo : Globo, 2008.

Bibliografia.
ISBN 978-85-250-4597-3

1. Contos brasileiros I. Título.

08-11843 CDD-869.93

Índice para catálogo sistemático:
1. Contos : Literatura brasileira 869.93

1ª edição, 2008 - 1ª reimpressão, 2012

Editora Globo S.A.
Av. Jaguaré, 1.485 - Jaguaré
São Paulo - SP - 05346-902 - Brasil
www.globolivros.com.br

SUMÁRIO

Monteiro Lobato

Monteiro Lobato por J.U. Campos

Homem *de múltiplas facetas, José Bento Monteiro Lobato passou a vida engajado em campanhas para colocar o país no caminho da modernidade. Nascido em Taubaté, interior paulista, no ano de 1882, celebrizou-se como o criador do Sítio do Picapau Amarelo, mas sua atuação extrapola o universo da literatura infanto-juvenil, gênero em que foi pioneiro.*

Apesar da sua inclinação para as artes plásticas, cursou a Faculdade do Largo São Francisco por imposição do avô, o Visconde de Tremembé, mas seguiu carreira por pouco tempo. Logo trocaria o Direito pelo mundo das letras, sem deixar de lado a pintura nem a fotografia, outra de suas paixões.

Colaborador da imprensa paulista e carioca, Lobato não demoraria a suscitar polêmica com o artigo "Velha praga", publicado em 1914 em O Estado de S. Paulo. Um protesto contra as queimadas no Vale do Paraíba, o texto seria seguido de "Urupês", no mesmo jornal, título dado também ao livro que, trazendo o Jeca Tatu, seu personagem símbolo, esgotou 30 mil exemplares entre 1918 e 1925. Seria, porém, na Revista do Brasil, adquirida em 1918, que ele lançaria as bases da indústria editorial no país. Aliando qualidade gráfica a uma agressiva rede de distribuição, com vendedores autônomos e consignatários, ele revoluciona o mercado livreiro. E não pára por aí. Lança, em 1920, A menina do narizinho arrebitado, a primeira da série de histórias que formariam gerações sucessivas de leitores. A infância ganha um sabor tropical, temperado com pitadas de folclore, cultura popular e, principalmente, muita fantasia.

Em 1926, meses antes de partir para uma estada como adido comercial junto ao consulado brasileiro em Nova York, Lobato escreve O presidente negro. Neste seu único romance prevê, através das lentes do "porviroscópio", um futuro interligado pela rede de computadores.

De regresso dos Estados Unidos após a Revolução de 30, investe no ferro e no petróleo. Funda empresas de prospecção, mas contraria poderosos interesses multinacionais que culminam na sua prisão, em 1941. Indultado por Vargas, continuou perseguido pela ditadura do Estado Novo, que mandou apreender e queimar seus livros infantis.

Depois de um período residindo em Buenos Aires, onde chegou a fundar duas editoras, Monteiro Lobato morreu em 4 de julho de 1948, na cidade de São Paulo, aos 66 anos de idade. Deixou, como legado, o exemplo de independência intelectual e criatividade na obra que continua presente no imaginário de crianças, jovens e adultos.

OBRA ADULTA*

CONTOS

- URUPÊS
- CIDADES MORTAS
- NEGRINHA
- O MACACO QUE SE FEZ HOMEM

ROMANCE

- O PRESIDENTE NEGRO

JORNALISMO E CRÍTICA

- O SACI-PERERÊ: RESULTADO DE UM INQUÉRITO
- IDEIAS DE JECA TATU
- A ONDA VERDE
- MISTER SLANG E O BRASIL
- NA ANTEVÉSPERA
- CRÍTICAS E OUTRAS NOTAS

ESCRITOS DA JUVENTUDE

- LITERATURA DO MINARETE
- MUNDO DA LUA

CRUZADAS E CAMPANHAS

- PROBLEMA VITAL, JECA TATU E OUTROS TEXTOS
- FERRO E O VOTO SECRETO
- O ESCÂNDALO DO PETRÓLEO E GEORGISMO E COMUNISMO

ESPARSOS

- FRAGMENTOS, OPINIÕES E MISCELÂNEA
- PREFÁCIOS E ENTREVISTAS
- CONFERÊNCIAS, ARTIGOS E CRÔNICAS

IMPRESSÕES DE VIAGEM

- AMÉRICA

CORRESPONDÊNCIA

- A BARCA DE GLEYRE
- CARTAS ESCOLHIDAS
- CARTAS DE AMOR

* *Plano de obra da edição de 2007. A edição dos livros* Literatura do Minarete, Conferências, artigos e crônicas *e* Cartas escolhidas *teve como base a primeira edição, de 1959.* Críticas e outras notas, *a primeira edição, de 1965, e* Cartas de amor, *a primeira edição, de 1969.* A barca de Gleyre *teve como base a primeira edição de 1944 da Companhia Editora Nacional, a primeira, a segunda e a 11ª edições dos anos de 1946, 1948 e 1964, respectivamente, da Editora Brasiliense. Os demais títulos tiveram como base as* Obras completas de Monteiro Lobato *da Editora Brasiliense, de 1945/46.*

Filosofia em pílulas

Mundo da lua, 1ª *edição, 1923, capa*

Não poderia haver melhor título para esta obra. Ela recupera escritos de uma fase em que o então jovem autor vivia com a cabeça no mundo dos sonhos e das utopias. Ao longo de suas páginas encontramos registros de impressões da juventude, a que Monteiro Lobato acrescentou alguns textos posteriores. Em um livro de dimensões reduzidas reuniu o que achou de mais significativo de um velho diário prestes a ser destruído, e assinado como Helio Bruma, um dos seus pseudônimos prediletos. Folheando aquele antigo calhamaço, Lobato redescobriu esquetes, descrições de paisagens, flagrantes do cotidiano, esboços, trechos variados e opiniões soltas sobre os mais diversos temas, além de fortes manifestações de revolta e inconformismo típicas da mocidade.

Na esteira do sucesso literário, resolveu arriscar um pequeno volume que, a seu ver, a princípio interessaria apenas aos companheiros da época do Minarete, a república estudantil que compartilhou com alguns colegas enquanto cursava Direito na Faculdade do Largo São Francisco, na capital paulista. "Imprimi esse livro num papel maravilhoso, em elzevir, porque se destina a um público muito especial: nós dois", revelou ao amigo e correspondente Godofredo Rangel, em carta de 10 de fevereiro de 1923, ano da sua primeira edição.

Apesar do sarcasmo e da ácida autocrítica, Lobato caprichou no projeto gráfico, lançando no mercado um exemplar atraente e emblemático das preocupações que norteariam seus

Lobato no escritório de sua editora, 1923

empreendimentos editoriais. Mas não apenas nesse aspecto ele demonstra as aptidões que se firmariam com o passar do tempo.

Os assuntos que o mobilizavam revelam um espírito pioneiro disposto a ampliar os próprios horizontes em busca de estímulos. Desde muito cedo, Lobato se ressentia da mesmice previsível do dia-a-dia e da falta de interlocutores inteligentes, sem o que a solidão intelectual se tornava insuportável. "Três dias de chuva contínua", registrou em "*Tedium vitae*". "Bolor, mofo: tédio das coisas." Para ele, o meio rural pacato e provinciano desencorajava o impulso criativo: "Não concebo artista capaz de construir obra valiosa se reside em cidade pequenina, marasmada", disse em "Ambientes", expressando um conceito que se repetiria em "Ares propícios", no qual registrou que os feitos e as descobertas mais importantes só se tornam possíveis nos grandes centros urbanos, "onde há atmosfera de ação, sofreguidão, de excitação permanente".

Sintonizado com o progresso, ele cria então uma inusitada metáfora sobre as mídias ultramodernas, disponíveis no ano de 2527, quando as obras literárias seriam apresentadas em um suporte de eletricidade acumulada em bobinas ou mesmo em frasquinhos. "Sorvendo a essência ou pondo-se em contato com o fluido, o leitor terá, desdobrado na tela da imaginação, o romance que o autor entrascou ou acumulou e sentirá as mesmas emoções que o romancista sentiu."

Sempre ligado ao universo das letras, o futuro "pai" da boneca Emília faz um breve comentário a respeito dos tradutores que perdem a força ao se tornarem escritores. "Há em nós a vaga impressão de que quem traduz não pode criar." Por uma dessas irônicas coincidências do destino, posteriormente Lobato desenvolveria as bases da ordenação literária dos textos e acabaria exercendo, ele mesmo, o ofício de tradutor.

Já a semente dos seus projetos paradidáticos vislumbra-se em "Recordando". "Que menino, após a leitura de *Keraban*, o

O jovem Lobato na época em que era estudante de Direito

cabeçudo, não corre espontaneamente a abrir um atlas para ver onde fica o Bósforo?", indaga ele. "A inteligência só entra a funcionar com prazer, eficientemente, quando a imaginação lhe serve de guia", explica Lobato, antecipando os livros que atiçam a curiosidade da criança que aprenderia as matérias escolares de maneira lúdica e divertida. "A bagagem de Júlio Verne, amontoada na memória, faz nascer o desejo do estudo", defende ele, que anos mais tarde escreveria sobre gramática, aritmética, geografia e história para ajudar os alunos a compreender as disciplinas como se estivessem brincando.

Enfim, neste verdadeiro caleidoscópio de ideias, temos a oportunidade de melhor conhecer a índole de Lobato, que salta de um tópico a outro com agilidade e leveza. Entre crônicas ligeiras, resenhas curtas, críticas e simples comentários sobre a natureza humana, ele nos oferece deliciosas pílulas dos seus pensamentos filosóficos.

Marcia Camargos

MUNDO DA LUA

Justificação

Meu maior amigo *chamava-se Helio Bruma.*[1] *Com ele convivi em estreitíssima intimidade até os 20 anos. Por aí, como a "vida prática" me acenasse e fosse ele o mais impenitente dos contemplativos – vulgo "pateta" –, separamo-nos de boa cara. Helio abraçou-me, dizendo:*

– Adeus. Mudo-me para Marte.

– ?!...

– Sim, Marte, o planeta. Tinha um amigo na Terra, tu; mas vejo-te mudado, cheio de ideias práticas, de olhos ferrados na vitória. Isso fatalmente nos separará no correr do tempo. Ora, se tem de ser assim amanhã, precipitemos os acontecimentos: seja hoje. Adeus! Como lembrança deixo-te o meu diário. Casa-te, multiplica-te, ganha dinheiro, sê feliz. Quando deres de engordar, lê o meu diário. Adeus!

Disse e sumiu-se.

Por muito tempo conservei na gaveta o diário do meu amigo. Pesava-me, e a balança acusava sempre 56 quilos. Agora que acusa 59, julgo-me em ponto de bala para folhear o misterioso calhamaço. Faço-o e encontro pequeninos quadros, paisagens, retratos, instantâneos, sonhos, ideias, revoltas, azedumes. Gaveta de sapateiro dum menino que prometia.

E resolvo dá-lo a público, escolhendo quanto baste à prova de que Helio fez bem em mudar-se de mundo. Um contemplativo! Um pateta que se por aqui ficasse acabaria de cabeleira, a sonhar mundices da lua.

Monteiro Lobato

[1] *O pseudônimo que Monteiro Lobato mais usou, antes de aparecer com o seu verdadeiro nome. Nota da edição de 1946.*

Crianças

As primeiras impressões da vida começada a folhear como a um grande álbum de figuras...

Tem 3 anos o filho do meu vizinho. Está no período encantado em que se voltam as primeiras páginas do livro da vida, as páginas de cor onde aparecem o boi, o cachorro, o cavalo, os gatos. Adora-os e sempre que pode planta-se à janela à espera de bichos. Bate palmas se avista um longe, e espera-o atento, lábios entreabertos, nesse enlevo das crianças que é metade medo, metade surpresa.

Bois, conhece-os a fundo, visto que mora fronteiro a um armazém onde todos os dias batem carros vindos das fazendas próximas. Mas só os conhece assim – na canga, jungidos ao carro, formando um bloco cheio de pernas, chifres, fueiros e rodas. O boi é para ele esse conjunto monstruoso, que anda, muge, roda, rechina.

Ora, aconteceu que passou pela rua uma vaca. O menino empertiga-se, franze a testa, abre a boca e, num pasmo, grita para dentro:

– Mamãe, venha ver um boi sem rodas!...

Originalidade

Originalidade marcada, só nos homens da roça que não leem jornais. Ideias próprias, pontos de vista únicos, personalíssimos, e a sublime coragem do pitoresco mental.

Nas cidades grandes o jornal ingerido pela manhã desoriginaliza, bota-nos a todos bitolados pela mesma regra de pensar.

A opinião pública só existe nos lugarejos. Nas capitais desaparece substituída pela opinião que se publica.

Moeda

Esquecem os economistas de enumerar entre as moedas a mais curiosa de todas, e a que em longo período da história teve poder aquisitivo superior ao do ouro: as indulgências.

Com indulgências, saque sobre a vida futura, pagava o clero o salário dos obreiros construtores das catedrais e quantos outros serviços exigia do povo.

Origem do papel-moeda – promessa de pagamento...

Balzac

Desigual, Balzac, e irregular como a própria natureza: característica dos verdadeiros gênios: Em *Cousine Bette* há de tudo – o bom, o mau, o sublime, o medíocre. O remate do romance inspira ímpetos de arremessar o livro pela janela. Ponson du Terrail puro e reles. Aquele tipo de Montezanos é operetesco. O de Adelina principia sublime e desfecha no cômico. Mas Bette! Que inteiriça, que formidável criação é! Como lembra Shakespeare! E Valéria, a satânica Madame de Marnèffe? A cena em que tira da cabeça de Crével a ideia de fornecer os 200 mil francos pedidos pela baronesa de Hulot é cena-apogeu de que só os grandes são capazes. "*Et elle frola le visage de Crével avec ses cheveux en lui tortillant le nez.*

– Peut-on avoir un nez comme çà, reprit elle, et garder un sécret pour sa Vava-lé-lé-ri-rie!...

Vava, le nez allait à droit; lélé, il était à gauche; ririe, elle le remit en place."

Dez páginas que bastam para alicerces duma glória.

O contraste de Balzac é Zola, tipo do talento. Um é caos; outro, ordem. Um descompassa, desafina, estruge: é natureza, ora céu azul, ora desfeita pela tempestade; outro, sempre sereno, é um eterno jardim, uma "coisa feita" com infinitos de lógica, de disciplina e de método. Ambos grandes, cada qual da sua grandeza, mas um imenso – Balzac.

Molière na roça

Molière chegou até cá. Foi à cena ontem o *Avarento*, de Molière-Castilho. É bem topetudo o mambembe que nos delicia! Desempenhou o papel de Harpagão um ator gordo, parecidíssimo com o Renan do retrato de Leon Bonnat. O homem plagiou os lances de efeito de quanto ator célebre há criado esse papel e impingiu-nos uma salada de batatas levada da breca. Os demais recitaram os versos de Castilho com sotaque de ilhéus uns, sotaque de alfacinhas outros.

O público pouco pescou da versalhada. A princípio muita gente murmurou: "Será isso francês?". Tanto se está diferenciando a língua portuguesa entre nós que versos de Castilho ditos por bocas lusas já sabem a língua exótica. E Castilho é poeta de ontem.

Recordando

Recordando minha vida colegial vejo quão pouco os mestres contribuíram para a formação do meu espírito. No entanto, a Júlio Verne todo um mundo de coisas eu devo! E a Robinson? Falaram-me à imaginação, despertaram-me a curiosidade – e o resto se fez por si.

Júlio Verne levou-me a Humboldt e depois à geografia e às demais ciências físicas e sociais. Foi o aperitivo. Entreabriu-me as cortinas do mundo como coisa viva, pitoresca, composta de paisagens e dramas. De posse dessa visão, e esporeada pela imaginativa, a inteligência "compreendeu e quis saber". Que menino, após a leitura de *Keraban, o cabeçudo*, não corre espontaneamente a abrir um atlas para ver onde fica o Bósforo?

A inteligência só entra a funcionar com prazer, eficientemente, quando a imaginação lhe serve de guia.

A bagagem de Júlio Verne, amontoada na memória, faz nascer o desejo do estudo. Suportamos e compreendemos o abstrato só quando já existe material concreto na memória. Mas pegar de uma pobre criança e pô-la a decorar nomes de rios, cidades, golfos, marés, como se faz hoje, sem intermédio da imaginação, chega a ser criminoso. É no entanto o que se faz!... A arte abrindo caminho à ciência: quando compreenderão os professores que o segredo de tudo está aqui?

O beijo das moças

As moças entrebeijam-se porque não podem morder-se umas às outras. O beijo delas é a evolução da dentada da pré-avó macaca.

Um contador

O comendador Clarineta tem memória de anjo e sabe contar com muita ênfase e colorido. Especializou-se nisso a ponto de ir às casas... contar romances.

– *Os filhos do Capitão Grant*, por Júlio Verne, tradução de M. Cardoso, volume 1°, capitulo 1° – A *América do Sul*.

E começa, *pá, pá*, sem esquecer um só episódio. Nos pontos ilustrados de gravuras, interrompe a narrativa:

– Há aqui uma figura, representando um selvagem amarrado à boca de uma peça; embaixo diz: *Amanhã, ao romper do dia, pum!* Passemos agora ao segundo volume...

As crianças

As crianças desadoram os brinquedos que dizem tudo, preferindo os toscos nos quais a imaginação colabora. Entre um polichinelo e um sabugo, acabam conservando o sabugo. É que este ora é um homem, ora uma mulher, ora é carro, ora é boi – e o polichinelo é sempre um raio de polichinelo.

Os "inimigos"

O velho fazendeiro Mingote denomina aos camaradas "inimigos".

– Um "inimigo" chega, para à porta, bate com o porretinho no chão, enfia nele o chapéu, encosta-o à parede, trança o pé e espera. Aparece o patrão.

– "Então, como vai o serviço, seo Zé? Muito adiantado?"

– "Xi, patrão, uma paulama..."

– "E você não se lembrou de trazer um feixinho de lenha, hein?"

– "Uma dor aqui na cacunda..."

– "Nem um palmito..."

– "O machado está que está que não corta nada..."

– "Nem uma penca de maracujás!"

– "Raposa comeu tudo..."

Camões

Não se aprende, Senhor, na fantasia: sonhando, imaginando ou estudando; senão vendo, tratando e pelejando.

Dizia-o Camões porque de experiênda própria o sabia. Tristes os que aprendem nos livros, dentro da clausura morna dos gabinetes! Um só livro existe: a Vida; um só gabinete, a Natureza. Mas criaturas há que nascem algemadas e passam a vida tentando romper as pulseiras. Outras nascem com asas. Libérrimas e movediças – os furões da vida. Só estas vivem e sabem da vida alguma coisa.

Cidades mortas

Uma ex-cidade, Oblivion. Foi, não é. Vive a vida músculo-nervosa das sucuris às quais rebentaram o crânio. Duram dias assim, as serpentes, vitalizadas pelas reservas nervosas em acúmulo e morrem com a lentidão da lagoa que o sol enxuga.

Da ironia

A ironia é a maldade dos revoltados, dos malfeitos, das criaturas tortas de alma ou corpo – Popes, Leopardis, Scarrons... É uma vingança ininterrupta que define como fio d'água venenosa... e deliciosa para os que, também feios de alma e corpo, não podendo exercê-la, regalam-se no gozá-la. Os homens belos, perfeitos de alma e corpo, não ironizam. É que não vivem no perene estado de revolta que estila esse alcaloide grego – *a eironeia*.

Documento humano

Chérie. Ninguém definiu melhor os Goncourt do que eles próprios. Dois fabricantes de relatórios inquisitoriais. A arte documento-humano. *Chérie* não é criação subjetiva; é manequim a que se foram justapondo mil observaçõezinhas, mil *d'après natures* colhidos de todos os lados. A sensação que dá esta arte escrava de receitas positivas é igual à das figuras de cera, com cabelos de verdade, cor e o mais. Semelhante fidelidade de cópia, em vez de sensação de vida, produz a impressão da morte.

Leituras

Últimos dias de Pompeia, de Lytton. É a *Aphrodite* de Pierre Louis sem a coragem da nudez. Lytton, um *lord*, subordina sua estética ao *can't*. O clássico feiticeiro, a clássica vitória do bem, o clássico e falsíssimo cristianismo inicial.

Que superioridade a de Merejkowski, que tão bem soube, no *Juliano*, restaurar com verdade filosófica o nascimento do cristianismo!

Ao luar

Quarto crescente. Oblivion dorme sob o luar. Pascem no céu carneirinhos brancos, e na terra só os grilos picam a doçura do silêncio.

O cérebro adormece. Nosso eu se anula. Sentimo-nos despersonalizados, simples células integradas num corpo imenso. Deixamos de ser para existir – disse Thoreau.

Estado de felicidade extática, como deve ser a felicidade das árvores, das águas, das pedras, das coisas, todas que mereceram o prêmio de não ter nascido homem.

Paisagem

Cheguei à janela e vi um homem em mangas de camisa, pé no chão e pito na boca, levando à cabeça uma bandejinha de flores. Doces? Firmei a vista. Não. "Anjinho", rumo ao cemitério. Teria o tamanho duma boneca de palmo e meio e dormia sobre uma tampa de caixa, cercado de bogaris e saudades brancas.

Passou, desapareceu lá no fim da rua.

....

Sol de rachar. Céu de azul que parece tinir. Mormaço.

Um negrinho em fraldas de camisa, espaçado na poeira, bate varadas em mísera abelha semimorta.

....

Ninguém. Tudo deserto. Silêncio.

Surge um vulto. É a preta maluca que vive ao sol. Para, coça o corpo magro que os frangalhos mal escondem. A filhinha ao lado brinca com sabugos.

Homem houve que lhe fez aquela filha!...

Triste o quadro? Modorrento apenas, e bem "cidades mortas"...

Brancuras

Ontem anjinho, hoje noivinha. Morreu tuberculosa com 18 anos e passou acompanhada de muitas moças e meninas vestidas de branco, numa profusão de jasmins-do-cabo, margaridas brancas, bogaris, cravos-brancos, camélias-brancas. Ao sol, o cortejo de brancuras cintilava como chovido de neve.

– Como se chamava a morta? – indaguei.

– Branca.

O povo

"Nem o *reis*." É a expressão forte de nossa criada. Fala sozinha, passando roupa: "Pegam me amolar? Pois vou-me embora. E lá de minha casa quem me tira? Nem o *reis*!...".

Talvez por causa do Dia de Reis o povo suprimiu o singular dessa palavra. Em toda parte a ouço singularizada assim: o *reis*.

Visão lateral

A atenção, o prazer com que ouvimos observações relativas ao nosso caráter.

Habituados a ver-nos sempre do mesmo ponto, no mesmo espelho, interessa-nos sobremaneira a visão lateral ou pelas costas, que apanha aspectos dificilmente perceptíveis por nós mesmos.

Idade Média

Oblivion todinha, das cozinheiras ao promotor, acudiu ontem à janela quando chegou de sua fazenda dona Briolanja de Lemos. Vinha em trole coberto, puxado por duas juntas de bois, seguida do filho e mais um pajem, ambos a cavalo.

É bem a senhora feudal que de longe em longe dá a honra de sair do seu castelo e vir espairecer entre a peonagem arranchada no pequenino povoado nascido e crescido à sombra dele.

Lindo! Lindos este respeito, esta veneração, este prestígio de família nobre que sabe impor-se ainda mesmo na decadência.

Seu castelo – a fazenda – pouco vale, quase tapera que é. Em riqueza vence-a qualquer italiano com armazém no povoado. Mas a fazendeira é a mesma fidalga de outrora, medieval e hierática, diante de cuja majestade a peonagem liberta dobra a espinha naturalmente.

Linhas tortas

O major Eliezer, fazendeiro ricaço, agonizou durante 5 anos. E durante 5 anos teceu-lhe em torno uma rede de intrigas ferozes a corvoalha dos herdeiros. O astuto velho, do seu leito de paralítico, segue a trama e ausculta aquela ânsia coletiva pelo seu fim. E prepara sua vingancinha, testando às escondidas em favor da única afeição sincera que teve na vida, uma *torta* que ele criou como filha e que lhe quer como pai.

Morre, enfim, e soa o toque de avançar. Decepção. O testamento imprevisto impede o assalto. Mas *il y a des accommodements*... O testamento desaparece. A torta é expulsa da fazenda, vai mendigar, e o dinheiro como sempre cai nas mãos do mais esperto.

Pois muito bem. Esse pirata cuida de dotar Oblivion de melhoramentos que a todos beneficiarão. Aquele dinheiro morto, inútil em vida do velho fazendeiro, vai desempenhar uma função social preciosa, que não teve em mãos do ajuntador nem teria nas da sua legatária legítima.

As linhas tortas...

Solidão

Solidão mental... Sinto-a completa aqui.

O cérebro embolora. Nenhum irmão de ideias.

Impossível esse grande prazer de pôr a inteligência em mangas de camisa diante de outra, sua afim, e deixá-la cabriolar livremente, como potro insofrido escapo às contingências da baia.

Novidade

O encanto das relações novas, em estação de águas, a bordo ou no trem, reside na troca das impressões mais pessoais, mais vividas, mais pitorescas – únicas interessantes. O prolongamento da convivência esgota, obriga à banalidade ou à repetição e – adeus o encanto dos primeiros dias!

Sensação

Madrugada para apanhar o noturno. Ao sair precipitadamente do hotel depois de lavar o rosto, o ar frio da noite gelou-me a pele nos *lugares mal enxutos*. Existe o correspondente moral dessa sensação: as indiretas que nos ferem os pontos mal enxutos da consciência.

Do direito

Se o direito representasse um revérbero da Justiça como a sonham filósofos, o direito *indurar-se-ia* na consciência de cada homem, confundindo-se com a moral e dispensando a sanção. Por que existem hoje, como outrora, como sempre, tantos infratores das leis? Porque tais leis só representam conservação, permanência, *status quo* de fato, e nunca uma pura emanação da Justiça.

As locuções populares

Sofrem as locuções populares, plebeias, as injunções da moda como tudo o mais. Nascem, propagam-se com rapidez espantosa e morrem esquecidas. Uma ou outra vinga sobrevivência e penetra na língua. Vi nascer nestes últimos tempos boa quantidade delas: *Ó ferro! Nunca vi tanto aço! – Talvez te escreva. – Volte amanhã. – Tá bom, deixe. – Fale-me logo à saída. – E durma-se. – Mamãe, olhe a cara dele! – Dinheiro haja senhor barão! – Pra burro. – À beça.* Nascem em geral no Rio, afloram o teatro, expandem-se pela imprensa, dão volta ao país inteiro e morrem.

O mesmo se dá com as músicas, modinhas e pilhérias. Propagam-se como ondas sonoras. A *Caraboo* foi cantada e assobiada por milhões de pessoas, numa verdadeira seca. Desbancou-a a *Canção do soldado*, por sua vez batida pela *Cabocla do Caxangá*. Daria obra interessantíssima o histórico dessas criações populares, sua evolução, sua função, sua morte. Vivem intensamente e morrem de pedra e cal. A *Caraboo*, quem a assobia hoje? Quem a tolera? São em geral lindas criações, vítimas das suas próprias qualidades. Prostituem-se. Viram "coisas à-toa", coisas comprometedoras. Os maiores aficionados acabam repudiando-as forçados por injunções da moral. O cantá-las torna-se até ato indecente...

O velho e a "estrela"

Quando aporta a Oblivion um circo de cavalinhos, grande rebuliço na criançada e nos velhos. O comendador Clarineta, 70 invernos, há três dias que não fala noutra coisa, piscando o olho emoldurado de pés-de-galinha. Anda tonto com o "pername" da "estrela" do trapézio.

– Que pernas! – diz à mesa num tom de Vesúvio em véspera de erupção. – Que modelado!

Dona Maria, a esposa, gorda velhota já nos 60, xinga-o de "velho à-toa que não se enxerga...". E ele, a cofiar o cavanhaque, maliciosamente:

– Que importa a casca se o pau é de cerne?

Doloroso

Um pai que viveu meses amasiado com a filha é o caso sensacional da semana.

Fui espiá-lo na cadeia. Velho de 56 anos. Bebe. Confessa o fato com a maior naturalidade, espantado de que o retenham preso por tão pouco. Trabalhador, aliás. É quem moureja no eito e sustenta a prole inteira.

A sociedade exige que o encarcerem por 8 anos. Quer, pois, que se inutilize a ele e se lance na miséria toda a família.

E fica a gente a refletir sobre o mal maior – crime ou pena...

Sempre doloroso

Estranho parentesco o do entezinho a formar-se desse incesto. Filho de sua irmã, neto e filho de seu pai...

O juiz clássico

O juiz da comarca vizinha tem a alma clássica dos juízes. Odeia o criminoso e quer a pena como castigo. Não vê no delinquente a miserável criatura tarada; vê o delito, a letra da lei.

No entanto não há crimes, há apenas criminosos.

Livro

De *L'Orient vierge*, de Camille Mauclair, visão política do ano 2000, certa palavra me ficou: *l'éclair engourdi*. Livro que deixa uma palavra já deixou alguma coisa.

Ambientes

Não concebo artista capaz de construir obra valiosa se reside em cidade pequenina, marasmada. Só nos grandes centros há ambiente para a criatividade, uma excitação cerebral contínua, formada pelos mil estímulos urbanos. Na roça o cérebro *assenta*, como líquido vascolejado posto a repousar.

Cabecinha de boneca

Tonico viu em certa revista a microfotografia duma pulga. E conta-o ao irmão menor, na sua linguazinha pitoresca.

– É cheia de ossinhos por dentro! Tal qual a gente...

O outro ouve, dubitativo, e resolve tirar a prova. Apanha uma pulga do Joli, estala-a entre as unhas e examina-a minuciosamente. Depois conclui:

– É mentira! Pulga não tem osso. O que ela tem dentro é um estalinho!...

O manual de civilidade

A metempsicose é um fato. O Isauro, da loja fronteira, já foi em outra vida manual de civilidade. Ontem o vi dirigir-se a um dos muitos fregueses que lhe enchiam a casa e perguntar, amabilíssimo:

– Coronel, desculpe-me, mas já lhe dei boa-tarde? Nesta confusão, às vezes...

Náutica infantil

– Navio de pito?

– Pois é. Quero que você pinte um navio de pito. De três pitos!

Para a ingenuidade do Guilherme as chaminés dos vapores não passam de pitos acesos, e quando me pede que lhe desenhe barcos, especifica logo se é navio de pito ou não – vapor ou vela.

Avis rara

O pé-galo... A cabecinha da Ruth vive povoada de seres fantásticos, um dos quais curiosíssimo – o pé-galo. Haverá naturalista que adivinhe que animal é este? Ela, entretanto, dissertará meia hora, na sua encantadora linguagem cheia de movimentos de mãozinhas explicativas, sobre a família dos *pé-galos*, maridos das *pé-galinhas*, as quais botam *pé-ovos*, donde saem *pé-pintos*.

Tudo vem dum anúncio americano de remédio para calo, cuja marca de fábrica figura pé humano encimado por uma cabeça de galo. Ruth gostava de abrir os jornais no chão e, estendida sobre eles de barriga, examinar, comentando, uma por uma, todas as gravuras ou vinhetas – as cruzes das missas, o homem de picareta às costas do Biotônico, o peixe da Emulsão de Scott, os naviozinhos da Royal Mail.

Certo dia deu com o pé cristudo do *Gets-It*, o tal remédio para calos. Franziu a testa e veio incontinênti saber o que era aquilo.

Expliquei pachorrentamente:

– É o pé-galo, uma ave que existe nos Estados Unidos.

Ruth ficou a cismar longo tempo, de olhos presos no estranho bicho.

Mais tarde, em vésperas de seu dia de anos, perguntei-lhe o que queria. Não vacilou:

– Quero um pé-galo!

– Para quê?

– Para criar aqui no quintal. Um pé-galo e uma pé-galinha também. Há pé-galinha?

– Como não? E há ainda pé-ovo e pé-pinto – acrescentei.

– Quero! Quero! Quero tudo! – e batia palmas, radiante, a imaginar a linda criação que se desenvolveria no quintal.

Fingi que fiz a encomenda; está custando a chegar; enquanto isso Ruth derrama-se em projetos.

– Dou para vovô um pé-pinto. Outro para a Marta – você quer, Marta, um pé-pintinho?

E começa o sonho, na rede, aos balanços cada vez mais fortes.

– Sabe? Calço uma botina velha no pé-galo. Coitado! Tem tanto caco de vidro no quintal... E todos os sábados corto a unha dele. E...

E não acaba mais a encantadora improvisação daquele mundinho fantástico...

Crime e sonho

O álcool. Suprimam-no e adeus código, adeus júri, adeus prisões! Na conta-corrente do Crime seu débito é tremendo. Mas que lindo saldo tem na conta-corrente do Sonho! Suprimam-no e a tristeza da vida aumentará. Ninguém calculou ainda a soma de momentos felizes, de sonhos róseos, de êxtases, que borbotou do seio das garrafas.

Quadros da vida

Tarde linda ontem. Conversávamos à janela, eu e o Quim, sobre a ação ideológica de Rui neste país e sobre a ascensão ininterrupta da grande figura nacional.

– Sobe sempre...

– Já aquele desce sempre – observou Quim.

Referia-se ao Pedro Inchado, mendigo habitual da nossa rua. Lá vinha ele, todo farrapos, imundo. Há mendigos decentes, que guardam a compostura da miséria. Este perdeu tudo e é no moral tão roto como no físico. Sem camisa – um trapo de paletó sobre o couro gafeirento; sem ceroulas –, veem-se-lhe pedaços de perna pelos buracos da calça imunda. Passou por nós e apanhou uma ponta de cigarro.

– Desce sempre. Há meses pilhei-o querendo apanhar um cigarro; olhava para os lados a ver se era observado. Perdeu já este último pudor...

Loterias

Contou-nos um velho vendedor de loterias coisas curiosas de sua vida de bufarinheiro de esperanças. Desde mocinho só fez aquilo: vender a esperança da riqueza. Já deu duas sortes grandes e várias pequenas. Uma vez...

– Uma vez aconteceu um caso interessante. A sorte andou por cá procurando quem a quisesse. Ninguém a quis. Vendi todos os bilhetes que tinha, menos um, o premiado. Para não ficar com esse encalhe, dei-o a um compadre meu que seguia para São José. "Venda-o por lá." Assim foi. Um sitiante comprou-o no caminho, mas achou feio o número e vendeu-o a um guarda-livros de lá, muito boa peça, rapaz sério, trabalhador, pai de três filhos. Nesse mesmo dia saiu-lhe a sorte – 100 contos.

O moço foi ao Rio receber o dinheiro e lá ficou meses, a meter o pau no cobre.

Voltou um perdido, um bêbado, e hoje anda por aqui, rolando...

– Por aqui? Como se chama?

– Pedro. É o Pedro Inchado, não conhece?

Varão de Plutarco

O visconde de Ouro Preto termina o seu protesto contra a violência da polícia numa frase cheia de orgulho: "Não haverá façanha para ninguém em vencer-me, fraco que sou. Ainda não nasceu, porém, aquele que consiga humilhar-me".

Que retrato!

O grande teatro

O teatro dos grandes dramas é a mentalidade, e grande arte é a que, reproduzindo a mímica das criaturas, faz entrever o drama estuante no cérebro. Hamlet parece ilógico a um observador pouco fino, que procura o sentido das suas palavras em imediata relação com o que segue e antecede. Mas as palavras de Hamlet não respondem ao que lhe sugerem os estímulos exteriores. Ofélia pergunta; esta pergunta sugere a Hamlet uma ideia e Hamlet responde mais a essa ideia do que a Ofélia. Daí a vaga relação formal entre o que ele diz e o que lhe dizem. A relação é puramente psicológica.

Pobre Ofélia! Que desnorteamento o seu ante as respostas loucas do príncipe amado!

Visão de Nietzsche

Não forma um conjunto a humanidade, quer Nietzsche, e sim multiplicidade indissolúvel de fenômenos vitais, ascendentes e descendentes – sem mocidade a que suceda maturidade e sem velhice. As camadas confundem-se, superpõem-se – e após milhares de anos poderão surgir tipos de homens mais jovens do que os de hoje. A *decadência* existe em todas as épocas: por toda parte há resíduos e materiais em decomposição; o *processus* vital elimina esses elementos de regressão – *dejecta*.

A velhinha

Na rua tal, à beira da cidade, mora a "minha velhinha". Sempre que passo por lá detenho-me para dois dedos de prosa. Tão pitoresca! Ontem contou-me complicadíssima história de cabra, pata e ovo de pata, a que não prestei grande atenção. Hoje, voltando, insistiu no caso. Não pude deixar de rir-me. Mora só, e na sua pobreza a pata que lhe dá ovos e a cabra que lhe dá leite constituem entidades importantíssimas, as mais importantes depois dos santos do oratório.

Um ovo que a pata ponha é acontecimento de encher o dia e abrir ternuras n'alma.

Mas que me contou ela da pata? Impossível recordar...

Incesto

O novidadeiro: tipo digno de ser empalhado por Thackeray. Temos um cá, de 24 quilates – o nosso farmacêutico.

Varejou-me a casa inda há poucos minutos com a novidade do dia fresquinha a pular-lhe da boca.

– O cabo Tenório, comandante do destacamento, morreu! Foi achado no caminho da Cruz Preta, caído da égua, com a boca cheia de sangue!

– Mas...

Não me ouvia, não me atendeu. Disparou, qual um foguete, na ânsia de espalhar a notícia. Seu grande prazer é contar as novidades de primeira mão. Um esporte. Coleciona, talvez, caras de espanto, *ohs* de horror, bocas abertas, testas franzidas pelo trauma instantâneo da novidade.

Chego à janela e vejo-o radiante. Está a gozar a cara de espanto do Chico da venda...

....

Que dia cheio para o farmacêutico! Reapareceu-me à tarde com outra novidade.

– O Isaías enlouqueceu!

– Mas...

....

Isaías, o tema forçado de Oblivion há um mês. O pai que desonestou a filha. O incestuoso. Pois enlouqueceu ontem, e hoje pela manhã...

Foi ainda o farmacêutico o portador da novidade:

– Suicidou-se!

– Mas...

Não consegui nenhum pormenor. Como a novidade era de vulto, o novidadeiro funcionava fulgurantemente, feito corrente elétrica empenhada em ferir o maior número de cérebros no menor espaço de tempo.

Chego à janela.

Bem cedo ainda. O relógio da igreja marca seis horas. Oblivion desperta, espreguiça-se. Duas praças entram em casa do delegado... O coronel Cazuza e o escrivão passam, meditativos, rumo à cadeia...

Fui também. Encontro o Isaías de pé rente à grade de sua pobre cela. Mas pendurado... Entre os beiços roxos, certa coisa escura, à guisa de terceiro lábio: – a língua negra. Longo fio de baba desce-lhe das narinas ao chão. Olhos semicerrados. Mão caída ao longo do corpo; outra arrimada à grade. Os pés atados pelos tornozelos com um lenço cor-de-rosa e escorregados para fora da janela, através das reixas do xadrez. Enforcara-se na ceroula.

Seu filho, soldado do destacamento, montava guarda essa noite. Às onze horas aproximou-se da cela para uma palavra ao pai. Como o encarcerado lhe não respondesse, trouxe luz e, estarrecido, deu com o horrível quadro...

Pobre incestuoso!

Se tivesse luzes não cometeria o horrendo crime. Eloquentemente lhe ensinaria a história que o incesto só é permitido aos grandes do mundo, aos Borgias, ao imperador Augusto, a Napoleão – aos que se localizam além das fronteiras do Bem e do Mal. Nunca foi requinte permitido a pobre...

Em 2527

No futuro, a obra literária será apresentada sob forma de essências em frasquinhos ou de alguma especial eletricidade acumulada em bobinas. Sorvendo a essência ou pondo-se em contato com o fluido, o leitor terá, desdobrado na tela da imaginação, o romance que o autor enfrascou ou acumulou e sentirá as mesmas emoções que o romancista sentiu.

Já em nossos tempos o álcool, o ópio e outras drogas produzem visões e deliciosos estados d'alma. Indeterminados, porém, sem controle possível. No futuro, não. A seriação das imagens será perfeitamente ordenada pelo jogo dos estímulos.

Não se dirá como hoje: li um romance, e sim – cheirei.

– Marieta, onde pôs você o *Professor Jeremias* que estive cheirando ontem?

– Caiu das mãos da Valéria e quebrou-se.

– Mande à farmácia comprar outro. E mais uns novos, *Vida ociosa*, *Condenados*, por exemplo.

– Fluido ou comprimidos?

– Em comprimidos. Com estas criadas, impossível uma biblioteca fluida...

Engraçados

Fabiano Fagundes conta casos sem rir. Chamam a isto aqui – cinismo.

– Eu vinha vindo a cavalo e parei na Volta Grande para beber. Bebi de um córrego que atravessa a estrada ali. Depois deu-me na telha ver por que motivo estavam os urubus descendo lá adiante. Fui. Subi água acima. De repente, que é que vejo? Um burro morto dentro do córrego. Enjoei logo. Senti náuseas violentas e acabei vomitando um pedaço de burro!

Todos riem, menos ele.

Velocidade

Passou Edu Chaves sobre Oblivion em voo rápido e altíssimo. Soberbo gavião em voo planado.

– Como voa devagar! – ouvi dizer a um papalvo, de boca aberta no meio da rua, iludido pela altura.

Ocorreu-me certa passagem de Stendhal nas viagens. "*Voici qui tient du miracle; à trois heures sonnantes, on amarre, un peu au dessus des ruines du fameux pont d'Avignon, ce bateau qui, ce matin à cinq heures, a quitté Lyon. Cela fait plus de six lieues à l'heure.*"

Valiam por milagre, para Stendhal, os 36 quilômetros por hora – e os cento e tantos que Edu fez hoje decepcionam um imbecil...

A tolice

O Isauro, a quem mostrei uma coleção de gravuras antigas representando obras-primas clássicas (o *Apolo de Belvedere*, *a Vênus de Medicis*, *Niobe*, *Laocoonte*), produziu este comentário encantador:

– Muito livres...

De Nietzsche

Como crescemos em força? Decidindo-nos lentamente e aferrando-nos com tenacidade ao que decidirmos. O resto vem por si.

* * *

Todo convívio é bom quando nele se afiam as armas existentes nos instintos.

* * *

Atingir um ponto de vista, uma perspectiva que nos faça compreender que tudo se passa como deveria passar-se; e que toda sorte de "imperfeição" e de sofrimento consequente faz parte do que é *soberanamente desejável*...

* * *

Só quando a cultura enceleira excedentes de forças é que pode tornar-se estufa propícia ao cultivo do luxo, da exceção, da tentativa, do perigo, do matiz: toda cultura aristocrática tende para isso.

Onomatopeia leonina

Possuem os árabes uma onomatopeia para o urro do leão: *Abna, abna... ou ben el mra,* que significa: eu, eu e o homem.

Vestido novo

Biluca e Biloca passaram a caminho da missa, com vestidos novos e lindos. Vão felizes. Irradiam felicidade. Não há no mundo felicidade que valha a que os lindos vestidos novos dão a 15 anos femininos.

Criar

Aparece muito cedo no homem a criatividade. A criancinha que destrói objetos não destrói, cria. Toma um boneco e o faz em pedaços: desdobra *um* em *vários*, cria.

Elas

Lógica dos homens: ou é sábado ou é domingo; ora é sabado, logo não é domingo.

Lógica das mulheres: ou chove ou não chove; ora chove, logo não chove.

O amor e o silêncio

Os apaixonados sentem necessidade do silêncio como alimento da alma. O rumor perturba a sinfonia interna que ressoa deliciosamente.

Citar

Há sujeitos de boa memória que não leem, mas citam. Citam de outiva. "Como dizia o conselheiro Duarte" – "Como disse o Lessa..."

Fisiologia barata

Cada criatura ingere diariamente a mesma quantidade de alimentos, respira a mesma quantidade de ar, elimina a mesma quantidade de resíduos e *despende a mesma quantidade de energia mental.* Sente imperiosa a necessidade de a despender e o faz na palestra, na leitura, na meditação, em trama de negócios, em disputa, em dor moral, em exercício físico.

O sentirmos às vezes a vaga necessidade de *fazer qualquer coisa* significa energia acumulada em estado de tensão. Dores d'alma, tédio, aborrecimento: alma tensa de energia não expandida. Quando dizemos: "Estou contente, com a alma leve", é que acabamos de despender, *naturalmente*, nossa medida de energia diária.

Comédias trágicas

Paisagem lúgubre. Céu plúmbeo de dia que parou de chover por cansaço de chover. Restos de luz moribunda, se é luz o palor que nas tardes chuvosas precede o cair da noite. Para que nada falte ao quadro, uma serraria distante serra, serra, serra... Serra tábuas e, com as tábuas, nossos nervos.

....

Triste como este fim de dia, o fim de casamento a que assisti há tempos.

Estávamos à espera do café, no cartório, fugidos à inclemência do sol. Três horas. Súbito, assomou à porta o doutor Moreira em companhia de linda moça vestida de preto e de dois homens. Os dois homens, mais o advogado, foram cochichar com o escrivão, enquanto a moça modestamente se sentava numa cadeira recuada, de olhos no chão, sombrinha entre os joelhos, imóvel.

Esgueirei-me, sorrateiro, e fui indagar do escrevente quem era.

– Mulher do Rivas. Divorciou-se e vem agora receber o que lhe coube na partilha.

– E o Rivas, qual é?

– O que está falando com o doutor Moreira. O outro é irmão.

– Irmão dela?

– Sim.

O cartório encheu-se. Entrara a bandeja de café e atrás os filantes de praxe.

A moça aparentava impassibilidade; e o marido, indiferença, mas forçando a nota, a rir, a conversar. Serviu-se de café, risonho, embora ao mexê-lo se traísse por leve tremor de mãos.

– Pronto! – disse o advogado. – Toca a assinar.

Assinam-se papéis. O marido abre a carteira e entrega ao escrivão um pacote de notas. O escrivão passa-o ao moço, que por sua vez o entrega à irmã, dizendo de modo a ser ouvido:

– Conte!

Ela guardou na bolsa o dinheiro, depois de lançar ao irmão um olhar de censura.

O advogado deu por findo o drama.

– Está tudo terminado.

O irmão tomou o chapéu.

– Vamos!

A divorciada ergueu-se e dirigiu-se até a porta. Ali parou. Indistintamente adivinho-a a perguntar ao irmão: "Digo-lhe adeus?".

A resposta foi um imperioso e resoluto – "Qual!". Ela, então, cortejou a sala inteira com um movimento de cabeça, abriu a sombrinha e partiu.

O marido açucarava nesse momento a terceira xícara de café a um canto da sala, de costas para os circunstantes. Fingia não dar a mínima atenção à partida da mulher. Mal, porém, a viu desaparecer, depôs a xícara na bandeja e mudou de cara. Mudou a cara alegre que mantivera até ali por outra laivada, de amargura.

Finda a comédia, tiram-se as máscaras...

A crueldade da natureza

A natureza só tem um fim: a vida. Cria o homem e a mulher, dá-lhes força, beleza, ilusões, saúde, amor, unicamente para que, congregados, produzam a soma de vida de que são capazes. Feito isso, dá-lhes ainda a energia – instintos paternos e maternos – necessária à assistência da prole. Depois abandona o casal às doenças e à morte.

Quanto amor à vida, como a vida é bela e forte, quando a natureza necessita da criatura para a produção da vida! E como a faz má, difícil, dura, inútil, uma vez que atinge seu fim!

Justiça e lógica

A ideia de justiça é criação puramente humana. Na natureza não há justiça, há lógica. A natureza não é boa nem má, justa ou injusta: é lógica. Vai ao fim cegamente colimado através de todos os óbices – e vai sempre pelo caminho mais curto. A linha curva é invenção humana. Fora do homem, há o ponto de partida, o ponto de chegada e a reta que os une.

Ouro-força

Dinheiro: força social concretizada. Um rico é um açambarcador de força. Fulano despende energias mentais ou musculares – trabalho; e as transforma em dinheiro: – energia social latente. Da mesma forma o dínamo capta a eletricidade ambiente e a acumula em bobinas. Dali parte ela para se transmutar em luz, calor, força motora, agente terapêutico. Também o dinheiro parte do acumulador rico e se transforma em prazer, conforto, satisfação de vaidade, em tudo que é necessidade humana ou humano desejo. Socialmente o homem não tem valor intrínseco. Vale pela quantidade de força social que detém. Rockefeller é o mais possante acumulador existente hoje. Boa parte do mundo move-se com a energia que dele emana.

Filosofias

Ideia que me persegue: o homem perante a lei animal é produto teratológico, consequência de moléstia que o arrasta irresistivelmente a afastar-se da natureza. Na aparência paradoxal, a palavra "naturofobia" encerra um conceito digno de meditação. O homem é naturófobo. Isso explica o que chamamos progresso. Enquanto na vida orgânica a evolução dos seres se opera em harmonia com as leis naturais, no *Homo* essa evolução "derrapa", desviando-se delas, arrastando-se por estranhos caminhos. A tal ponto vai o desvio que se torna possível a dedução de *leis humanas* – leis de exceção à lei natural.

Essa doença em estado febril cria o delírio a que chamamos ilusão – fogo-fátuo que norteia o doente. Uma de suas consequências é a convicção de que o progresso é movimento com rumo à perfeição (ideia platônica sem correspondência no mundo das realidades), quando progresso (Spencer) significa apenas complicação.

A doença que determinou o desvio do homem da série zoológica e fez dele o rei, o deus, o proprietário, o operário, o sábio, o artista, trouxe consigo a nostalgia – nostalgia da saúde, inconsciente nostalgia da vida natural, e criou como terapêutica o inestudado sentimento da esperança.

Desses dois sentimentos, nostalgia e esperança, filhos ambos do desvio evolutivo, nasceram as ideias do bem e do mal, porque nostalgia é dor, miséria, mal-estar, e esperança é bem, coragem, justificação da vida.

Zola

Le docteur Pascal. A sensação de quem sai dum romance de Zola é sempre a mesma, de reconciliação com o mau presente e de imensa esperança no futuro. Pascal é o homem por vir, cidadão desse mundo de verdade e justiça que Zola sonhou. Também Clotilde é a mulher futura; companheira meiga dos futuros Pascais. Nascidos assim fora de tempo, caíram vítimas da precocidade, hostilizados pelo meio.

É grande Zola nestes revoos pelos países quiméricos donde traz criações deste jaez. E é o maior dos românticos. Abandona o passado e romantiza o futuro. Lógico, talvez sua obra morra por excesso de lógica. Todo excesso mata.

Seja claro

Compreendo o estilo em literatura como fiel mensageiro encarregado de transmitir ao leitor as ideias do autor.

Servo, escravo, "próprio" que deve ter as qualidades dos bons serviçais: brevidade, simplicidade, humildade, fidelidade, passividade.

Há-os, porém, petulantes, pernósticos; servos mal-educados que não dão o seu recado sem que preambulem por conta própria e fiquem a maçar o leitor com exibições alheias ao caso. O caso é sempre o mesmo; dar o recado com humildade de servo e safar-se.

Morrer

O homem morre a prestações. A velhinha que visitei hoje, de 68 anos, está há meses na cama, morrendo. Morreu-lhe a mocidade, morreu-lhe a vista, o ouvido agoniza, a memória e a inteligência morrem aos centímetros. A carcaça que sobrevive à linda criatura que ela foi, é ela? Não. Apenas resíduos, resto que ainda não morreu. Falta-lhe morrer o coração. A morte arrecada as vidas a prestações...

As garças do Paraíba

Abro a janela. Que paisagem! Céu, serra e vale. Céu – gaze de puríssimo azul translúcido. Serra – a Mantiqueira, rude muralha de safira. Vale – o do Paraíba, tapete sem ondulações que lhe enruguem o plaino.

Ao longo do vale singra uma pinta branca, voo de giz sobre a imprimadura azul.

Garça! Reconheço-a logo pela amplidão do voo. Que maravilha o voo da garça em manhã assim! Neve sobre azul.

Súbito...

– O bando!

Vinham em bando alongado, ora a erguer-se uma, ora a baixar-se outra, estas ganhando a dianteira, aquelas atrasando-se. Passam a quilômetro da minha janela, tão nítidas que lhes percebo o aflar das asas. Mas...

– Outro bando! E outro, atrás!

E outro bem ao longe!...

Jamais vi tantas, e em tão formoso quadro. Subiam rio acima. Emigravam. Passavam. Passaram... E deixaram-me com a alma tonta de beleza, a sonhar mil coisas, a rever o lindo voo de cegonhas que Machado de Assis evoca – as cegonhas que das margens do Ilisso partiam para as ribas africanas...

Cucas

O pequeno Edgard tem medo horrível às luvas, às meias e ao pé descalço.

Estavam a lavar a sala e ele insistia em "reinar" no balde. Se ameaçavam arredá-lo dali, berrava; se o chamavam, não ia; se lhe acenavam com brinquedos, inútil. Que brinquedo vale brincar com água?

Mas a criada tem ideias. Tomou do porta-chapéus um par de luvas peludas e as largou perto do balde.

O menino encolheu-se todo e foi agarrar-se à saia da mamãe.

Logo depois houve necessidade de retê-lo na varanda enquanto lavavam a sala de jantar, e o meio foi atravessar à soleira da porta um pé de meia.

Muralha intransponível! Lá ficou na varanda quietinho, namorando o balde de longe.

A convicção

– Pode fazer-me o favor? Uma palavra só... – disse-me um preto num momento em que eu cruzava a porta de um botequim. E, humilde e pedinte, fez-me entrar.

– É uma questão aqui... Quero que o senhor me diga em que ano foi a liberdade.

Tomado de surpresa, vacilei:

– 89...

O preto não se atrapalhou.

– 88, não foi mesmo? – concertou ele, afirmando perguntativamente.

Caí em mim e confirmei-lhe o acerto, corrigindo-me:

– É isso mesmo, 88. Treze de maio de 88.

– Aí está! – exclamou o preto para o contendor, que não vi mas vislumbrei sentado a um canto sombrio. – O senhor veio decidir uma "questã" que durava já meia hora. Muito obrigado.

Saí a filosofar sobre a estranha força das convicções. O negro, com o seu afirmar interrogativo, fora quem decidira a contenda, mas deu-me as honras de árbitro e lá deixou o adversário esmagado pela sentença que me forçou a proferir.

As nuanças infinitas da arte de afirmar...

Antanho

Por acaso topei um tomo do *Wilhelm Meister* desgarrado da estante há anos.

Abro-o e leio uma nota a lápis, para mim saborosa como instantâneo fotográfico do passado. (Lembro-me: meu quartinho de estudante vizinhava de outro, separado por um tabique de pinho empapelado, onde moravam dois indivíduos que nunca cheguei a ver.) Diz a nota: "Este último capítulo li-o durante meia hora sem conseguir compreender coisa alguma. É que os meus vizinhos conversam e por mais que eu faça é-me impossível deixar de atender-lhes à parolagem. O velho (um deles é positivamente velho) parece-me homem vivido, de boas filosofias e de muito bom senso. Sabe coisas e fala com a calma e sossego dos experientes. O outro, moço, ignorante e estouvado, concorda sempre, ri de modo alvar e admira-se com espetaculosos *oh! oh!* A conversa principiou tomando como tema o jantar. Foram esfolados aí num frege qualquer, onde, diz o velho, lhes deram dois peixinhos a 800 réis cada um, macarrão, língua e sobremesa. 'O peixe estava sem sal', comenta o moço. 'E a língua dura', secunda o velho. 'E a sopa salgada', continua o moço. 'E a banana podre', conclui o velho com uma risadinha pausada, à qual o moço casa a sua, estrondosa, caixeiral. Fez-se uma pausa longa de gozo. Adivinhei-os imersos nas delícias daquela vingança ática. Depois abordaram vários assuntos, com essa preguiça mole dos que jantaram e estão a cair na beatitude soporosa da digestão. Desceram rio abaixo, de acontecimento em acontecimento, até alcançar o Visconde de Ouro Preto, que o velho mostrou conhecer a fundo, quase intimamente. Classificou-o entre os homens funestos, dando razões, e o moço, depois de ouvi-las, bradou indignado:

– Inepto, inepto é o que ele era!

O velho entendia de nuanças.

– Não vou lá, não vou lá... Competentíssimo até; mas funesto. Da primeira vez que foi ministro, o caso de certa moça retida no cárcere privado provocou um movimento popular; da segunda, sobreveio o desastre da tentativa de pagamento da dívida externa por meio do café; da terceira, deu-se a casa demagógica do imposto do vintém; da quarta, rebentou a República.

– Má raios! – berrou o moço.

– Na véspera – prosseguiu o velho – avisaram-no da conspirata, mas o Ouro: 'Qual! Tenho confiança neles, no Deodoro e no Floriano'. No dia seguinte estava metido em Sant'Ana...

– Piratas! – exclamou, furioso, o moço.

– Quem piratas?

– Todos eles, o Ouro, o Deodoro, o Floriano.

O velho desprezou o arroubo e veio atrás.

Falou das arruaças do vintém, narrando-as tão ao vivo que eu vi bondes de pernas para o ar, incendiados. A serena palestra rememorativa prosseguiu. Breve chegaram à França, deposição de Luís Filipe e subida de Napoleão III. Mas a palestra ia cochilando. O moço não emitia apartes e o velho alongava as pausas. Falou ainda do filho do primeiro, um conde de Paris, que caiu dum carro, e não sei que mais. Silêncio. O velho imitou o conde, caindo no sono. Ouço-lhe o roncar pausado... Tossiu agora. Quatro tossidazinhas delicadas e sonoras... Dormem os dois. Chama-se o velho Seu Macedo".

....

Seu Macedo fatalmente já não existe. Tinha voz dum homem duns 60 anos naquele tempo. Devia ser celibatário e era pobre. Quer dizer que de Seu Macedo nada mais resta no mundo além desse pedaço de conversa que o capricho dum estudante fixou a lápis num livro de Goethe.

A gravata

Aconteceu-me algo assombroso. Fui à cidade e entrei no Guarani, à espera da rodinha. Pedi café, e estava a mexê-lo quando um rapaz que conheço de vista se aproximou e:

– O senhor esqueceu da gravata, desculpe...

Fiquei vermelho como lacre e com a mão espalmada, em movimento instintivo, tapei logo o meu crime. Problema sério! Comprar outra, impossível; era domingo; continuar assim, impossível, uma degradação. Fugi para casa, depressa, depressa. Larguei o café e saí, qual um criminoso. Tomei o bonde, último banco, e lá fui, sempre com a mão a esconder o crime... o horrendo crime do pedacinho de seda que faltava ao colarinho. É proibido andar de bonde sem gravata.

E dizemo-nos livres!...

Várias vezes, mais tarde, cruzei-me na rua com o homem do aviso. Cumprimentávamo-nos, sorridentes. Seu sorriso dizia: “Se não fosse eu...”. O meu agradecia-lhe, humilde.

Ficamos sendo um para o outro – o caso da gravata.

Incompreensão

Goethe, e em geral os antigos, não me produzem as grandes sensações dos modernos. Sinto dificuldade em pôr-me à luz da época e bem avaliar as qualidades que os fizeram grandes. As coisas novas que eles viram e revelaram orçam hoje por velharias; suas audácias fazem-nos rir, suas utopias são os dogmas de hoje.

Caso do maquinista de uma Baldwin em face da locomotiva de Stephenson.

Falar... ouvir

De visita a um tio, senti-me esmagado pela sua superioridade de homem de 50 anos vividos.

Senta-se a favor da luz, afixa certo sorriso que escolhe de toda uma coleção e faz o visitante falar. Se este esmorece, atiça o fogacho da parolice e recai na tocaia, emitindo ultracéticas interjeições – Ahn! Oh! Hem, hem, hem...

Sancta simplicitas

Noite de presepes. Há-os aqui em quantidade, na maioria sublimemente ingênuos. Um trazia as paredes do canto forradas de números do *Rio-Nu* – números bem descabelados, com mulheres em camisa e calça às voltas com os "coronéis". Noutros vi patinhos de barro, com pelota nas patas à guisa de pedestal, repimpados em árvores; um soldado de carabina e facão a apresentar armas ao Menino Jesus; um busto de Campos Sales ao lado dos Reis Magos. Em vários outros vi ainda cartões-postais com a Bela Otero, uma caixa vazia de chapas Hauff, anúncios ilustrados da Emulsão de Scott, enorme casco de tatu com várias bonecas de pano dentro.

Isso fez-me lembrar certo santo de família que encontrei na roça, em casa duma beata. Ao lado do oratório havia na parede, em surrada moldura lisa, um São Sebastião escapo à agiologia oficial: *São Sebastião das Cebolas*. Explica-se.

Quando o senador Martinho de Campos foi ministro do Império, a *Revista Ilustrada*, de Angelo Agostini, representou-o nu, de tanga, atado a uma árvore, recebendo com cara de mártir os flechaços da imprensa oposicionista. E como o simpático homem de Estado era fazendeiro e se chamava das *Cebolas* a sua fazenda, o dístico da caricatura fora aquele – *São Sebastião das Cebolas*.

– E é milagroso este santo, nhá Tuda? – perguntei à velhinha.

– Nem fale. Tudo o que eu peço ele faz. Outro dia foi um panarício aqui neste dedo. Pedi, e em menos de duas semanas fiquei boa...

Mulheres

A respeito da atual moda dos espartilhos, Lucy contou-me de certa viagem de trem que fez inteirinha sentada na ponta do banco, porque nem encostar-se podia. Quatro horas assim, de puro martírio.

Veio-me à mente o concílio reunido para resolver se as mulheres tinham alma. Ia referir-me a ele, mas a lembrança do caso da gravata emudeceu-me...

Raposa velha

O velho Medrado sempre apanhou os melhores biscates da terra. Foi chefe, hoje é influência política e está aferrado a um osso de bom tutano.

Seu segredo? Apreendi-o ontem, primeira vez que o vi de palestra. Fala complicando o assunto em rodeios de modo a tornar a frase pouco precisa. Escolhe termos, encaroça, engasga, generaliza. Isso quando há na roda pessoas cuja opinião ele desconhece. Tão manhoso que mantém conversa com criaturas de ideias opostas sem chocar nenhuma.

Vindo à balha o protestantismo, principiou com pés de lã a apalpar o terreno perigoso, escusando ora uma seita, ora outra, exculpando católicos e protestantes. E ficou nessa maromba até que se manifestassem todos os presentes. Conhecidas as cartas dos parceiros, firmou a palestra e esqueceu os caroços.

Não cita nomes; não se compromete. O que mais me admira nele, entretanto, é o habilíssimo partido que sabe tirar das dores reumáticas.

A crosta

A muralha que a idiossincrasia cristã interpôs entre os gregos e nós rui ou diafaniza-se. Lendo Aristófanes tenho a sensação de um homem sadio que estuda *naturalmente* uma natureza virgem, uma sociedade não estudada, um homem limpo de alma, simples, fresco, não empastado com o fecaloma de vinte séculos de catolicidade. Aristófanes e todos os mais.

Ares propícios

As grandes coisas só se possibilizam nos grandes centros, onde há atmosfera de ação, de sofreguidão, de excitação permanente. Ponham nessa marasmópolis ao próprio Edison e em pouco estará de cérebro adormecido, jogando o truque na farmácia e comentando todas as generosas ideias com o "Bobagens!" que aqui mata todas as iniciativas.

Flor que emurchece

Lucy tem todos os encantos da flor que se fana. Sua boca denuncia certo cansaço mórbido – cansaço de beijar, de falar, de comer. Fronteira de duas estações, verão e outono. Como participa de ambas, ora esplende, magnífica, num apogeu de sol a pino, ora descai para a melancolia outoniça, de olhos langues, saudosos.

Já começam as saudades e as saudades são flores de outono e inverno.

Traduzir

Os nomes que vimos pela primeira vez como tradutores perdem o prestígio quando os vemos como autores. Há em nós a vaga impressão de que quem traduz não pode criar.

Momo

No último dia de Carnaval vim para casa com pequenina mecha de cabelos louros embaraçados num botão da manga. Linda menina! Ao ver-se enganchada, tentou desembaraçar-se "por bem", sorrindo; como custasse, safou-se de um puxão, deixando comigo aquele fragmento de seu corpo.

Conservei-o intacto por muitos dias. O acaso deu-mo, o acaso o tirasse.

Tirou-mo o Guichard, hoje cedo, todo míope.

– Olhe uns *fios de crina* em sua manga. Veio ontem da roça?

A formosura

Os ombros da Consuelo. Sentou-se diante de mim, no camarote, e o melhor do espetáculo me foi admirar a rara harmonia daqueles ombros, que descaem do pescoço em linha elegantíssima.

Tanto movimento, tantas palavras, tanta bravura em cena, tanto enfeite no palco – tanta tentativa de beleza. Mas da beleza só havia no teatro a linha sutil daqueles ombros.

Vidinha estreita

Leontina, pobre criança! Mais uma vítima da Mesquinhez Social. Ela, a mais forte vocação artística jamais abrochada por aqui, não pode dedicar-se à pintura porque... porque é feio para moça de família conviver entre artistas... porque não encontrará casamento... porque mil e uma coisinhas pequenininhas destas cidades enfezadinhas.

– Como abafa este ambiente de terrinha! Sabe como me vingo? Sonhando. Passo as manhãs a reconstruir os sonhos da noite e já tenho deles uma galeria. Porque, afinal, o sonho é uma produção nossa como um quadro, uma poesia, um pensamento. Tempo há de vir em que se fotografem os sonhos – e aparecerão grandes artistas do sonho, gênios, Shakespeares...

Tedium vitae

Três dias de chuva contínua – sexta, sábado, domingo... O bolor domina, e invisível bolor paira nas fisionomias. Até o rosto de Lucy, sempre tão vivo, pereceu-me embolorado.

No minuto em que o sol bruxuleou, pálido, da palidez dos convalescentes, correram pela terra suspiros de alívio e esperança. Mas as nuvens de novo se cerraram e sobre as coisas e as almas recaiu de novo o bolor.

Bolor, mofo: tédio das coisas.

Indecisão

Chove... A estúpida uniformidade do feio céu sem luz, sinto-a também dentro da alma. Falta em minh'alma o claro sol de um fim ardentemente visado e que me atraia como poderoso ímã. Sou um dia de chuvisqueiro miúdo, dúbio, frouxo...

Itália

Fortini: tipo do artista nato que o solo da Itália produz com a espontaneidade do nosso em grelar carurus. Pintor e músico. Fez prodígios ao bandolim – coisas napolitanas, vivacíssimas, bizarras e depois uma fieira de marchas heroicas. Ao ouvi-lo me veio uma ideia. O amor do italiano pelas marchas, sua irradiação ao executá-las, não será derivativo do herdado e hoje inexercitado pendor romano pela guerra? Marciais na música, já que o não podem ser na vida?

Fortini é nosso hóspede, e passo as noites a ouvir-lhe as histórias. Foi íntimo de Puccini, em menino, e com ele fugiu da escola várias vezes em Luca, para banhos no rio. Contou o caso do maestro com um tal Germiniani, a quem começou ensinando canto e acabou raptando a mulher. Cantorias, cantatas...

E referiu a coincidência do desastre de automóvel que sofreu Puccini, trambolhão formidável justamente na hora em que Germiniani morria.

A miséria

Fui a X, cidade vizinha. Que horrível impressão! Mendigos repelentes, seres disformes, amarelos, pardos, negros, cobertos de farrapos imundos, defeituosos, magros, inchados, capengas, bichentos, duma ascosidade sem nome, a vagarem pelas ruas ermas com a cantilena monótona nos lábios: "Esmolinha pelo amor de Deus!". E à custa de moedas de cobre, a população mantém sobre a face da Terra o bando de desgraçados. Mantém. Conserva. Não procura outra solução mais enérgica, mais limpa – ou eliminá-los ou asilá-los. A caridade manda isso, disse-me um católico prático... A caridade manda conservar, não corrigir, não solver o problema. E esse caridoso deblaterou contra a assistência social, contra a eugenia preventiva porque "isso não é caridade". Caridade é conservar a chaga.

O romance

Almoço desagrádavel hoje, com um romance fúnebre ao lado, viúva de filho ao colo, contando que tem mais seis, que está na miséria, que quer meter dois num colégio, como órfãos.

O dono da casa almoça lendo um jornal, e o lê até ao derradeiro anúncio. Não ergue os olhos do papel. Que coisas interessantes traria esse jornal!

A patroa preside à mesa e mal responde à pedinte, que fala sem cessar, quebrando de suspiros fundos o seu ar de mártir resignada. Paira contra a miséra um ambiente de dureza, a dureza dos ricos contra os pobres que tentam *sair do seu lugar* agarrados às franjas da solidariedade humana.

O marido morreu diabético – "seco, magrinho que nem uma criança". E deixou-a na miséria com seis filhos! E ela, só, sem mais ninguém no mundo... Anda a valer-se dos ricos, dos poderosos. "Queria que a senhora me arranjasse dois lugares no colégio, grátis, para esta coitadinha e uma outra."

A dama rica, toda banhas e empáfia, põe-se no ápice do pedestal e: "Não sei, não garanto, vou ver, mas não prometo, não posso cuidar de nada, ando muito doente, vou ver, vou ver". Tradução facílima: Não arranjo coisa nenhuma. A viúva suspira, acentua o ar de mártir, cabeça inclinada, rugas avivadas, maravilhoso modelo para um quadro de Dürer: Resignação.

Por fim, saiu.

Fui à janela. Lá ia, toda de preto, chapéu com crepes, véus. Ares de rica, de herdeira. Toda a rua afluiu à janela e olhou-a, e comentou-a. E lá desapareceu na esquina aquele triste romance rico de títulos – A Mísera, A Importuna, A Providência de Seis Crianças, A Enérgica, A Resignada, A Mártir, A Mendiga, A Envergonhada, A Dama de Preto – *as you like it*...

Borboletas

Conversar com moças é trancar no espírito as torneiras das ideias gerais e abrir as válvulas à sentimentalidade ou à parolice anedótica e mexeriqueira.

Um bonito quinquilharismo cerebral. As moças só sentem a cor e a linha. Nada do que constitui na conversação masculina o encanto máximo, os voos, os horizontes.

A mulher, prática, é inimiga dos largos horizontes.

– Muito longe...

A idade feliz

Sempre que me vê sentado, a escrever, o Guilherme trepa-me ao colo e fica muito atento a seguir os movimentos da pena sobre o papel.

– É trem? – pergunta.

– Não, filhinho, estou a escrever.

– É carta?

– É.

Satisfeita a curiosidade, põe-se a olhar, fungando... De repente, acode-lhe uma ideiazita e pede-me que "escreva um trem". Não há remédio senão interromper a carta e pintar um comprido trem de ferro, com inúmeros vagões de muitas janelinhas.

Se esqueço a fumaça da locomotiva, ele logo a reclama, como reclama rodas e janelas nalgum carro onde as haja de menos.

– Agora escreva um corvo sentado aqui – e o dedinho gordo aponta a chaminé.

– E um boi aqui. E um gatinho aqui. E um porco...

E o trem vai virando poleiro de bicharia.

No melhor da festa, porém, o seu corpinho moleia, descamlhe os braços e todo ele se mergulha num sono de anjo...

As moscas da vidraça

Leontina vive a rugir desesperos d'alma, que Lucy cruamente define como falta de casamento.

Às vezes chego a crer que Lucy tem razão, se bem que o estado d'alma de Leontina seja muito semelhante ao meu.

Que é falta, tenho a certeza. A dúvida vem no "do que". Porque é falta múltipla, e vaga, e inapreensível.

De confiança? De objetivo? De fins nítidos, claros e fortes?

Há sempre a boiar no lago das vontades fracas o lótus enervante do – *para quê?* Esta horrível pergunta gela a vontade, fá-la tabética, caquética, paralítica.

Fá-la sorna, fá-la querer de pântano, vontade de água verde.

Tudo quanto, movido pelas brisas da sensação, penetra-me na alma dá de chofre contra essa muralha insidiosa, viscosa, odiosa. E fica ao pé da muralha, escabujante, morto.

Sinto minh'alma cheia de cadáveres de resoluções, esqueletos de motivos, caveiras de desejos.

Tal qual certa vidraça da sala de jantar que nunca se abre. Todos os dias mães-d'água, borboletinhas, moscas verdes que vieram do jardim vão cabecear nos vidros, inutilmente procurando varar para a rua luminosa.

E morrem de inanição.

E juncam o peitoril da janela de pequeninos cadáveres..

Mentir

Deduzir das palavras que saem da boca o pensamento que o cérebro pensou, que o cérebro pensou antes de a boca dizer o que ficou a pensar depois.

A palavra ou esconde ou adultera o pensamento. Mas esconde mal, para o psicólogo. Esconde dentro de campanas de vidro. Os olhos traem o pensamento oculto. Quando nossa boca mente, sentimos a verdade estampada em nossos olhos, a desmenti-la. Ser psicólogo é entender a língua do olhar. Em regra o bom mentiroso abaixa ou desvia os olhos. É a sua melhor defesa.

No hospital

Visita ao hospital.

Que triste coisa, um hospital! A miséria humana em todo o esplendor.

A vitória da cor amarela, o desânimo, as atitudes faquirianas, o ar boçal, o ar resignado, o ar vencido.

Um negro sentado à beira da cama tinha a cara nas mãos e os cotovelos fincados nas rótulas. Perfeita esfinge de ébano cujo negror só quebravam dois olhos grandes, muito brancos, de vago olhar fatalista. Ao ver-nos, moveu-os apenas e logo os baixou, indiferente.

Em todos os leitos, espectros, sombras de criaturas imobilizadas em posições mórbidas, à espera da saúde.

Esperar o regresso da saúde, a lenta volta da desertora...

Fazem-no como quem olha para o relógio e acompanha o movimento dos ponteiros.

Aquela colmeia de infelizes vive para o tempo, contando o tempo, marcando o tempo, vendo, sentindo, esperando passar o tempo...

Fraqueza

A silabada possui uma aura – que curioso!

Estava o Joãozinho Guedes a conversar na sala cheia de moças. Em dado momento disparou um *monotôno*. Nenhum dos presentes o corrigiu, mas calaram-se de modo intencional, para que no silêncio a aura da silabada agisse sem obstáculos. E assim foi. O *monotôno* ficou no ar, ecoando malsonantemente, e Guedes corou como baeta. Por fim, explicou que errara, mas que sabia que errara, e que se dizia assim era porque queria. Zangou-se. Ergueu-se de chofre e saiu, furioso. Só então riram-se todos do ultracômico desastre.

O alvorecer

A pequena Ruth ainda se atrapalha na compreensão do tempo. Confunde ontem com amanhã.

Como é difícil distinguir do futuro o passado, às mimosas criaturas que são todinhas presente!

– Amanhã o gato deu um pulo e pegou o ratinho.

– E ontem, que fará o gato?

Ela perturba-se e fica, de olhar dúbio, ruguinha na testa, com a vaga consciência de que errou nalguma coisa...

Despotismo

Eduardico lá está, de pedra na mão, a berrar e espernear, em furioso acesso de cólera infantil.

A mulatinha pajem negaceia-o de longe.

– Que é isso, Dico? – perguntam-lhe.

Ele soluça:

– Aquela peste nã-ão quer parar...

– Parar, para quê?

– Para eu jogar esta pe-edra nela!...

Os guris

Jogo de futebol improvisado defronte à minha janela, no largo. Só guris, cinco de cada banda. A bola: maçaroca de pano atochada em pé de meia. Discussões, tombos na lama, berreiro, disputa verbal incessante, sempre chegando às boas o lado que berra menos. Todos os termos ingleses adulterados, mas bem apreendidos – *golkipa*, *gor*, *córne*, *ofiçai*, *chute*. Aproximam-se espectadores, todos pequeninos.

– Posso entrar no jogo? – indaga um. Os de dentro, orgulhosos:

– Sapo não joga!

Chega outro, de carrinho – uma isca humana, filhote de tico-tico que apenas engatinha. Traz na cabeça o chapéu do pai e na boca a chupeta. Empurra o carro – caixão de querosene com duas rodas – um seu irmãozinho. A tantas o *goalkeeper*, de pé armado para um formidável *kick*, prevê desastre e grita:

– Tire essa porquerinha daí, que lá vai fogo!

Homem, Mulher

Acentua-se o antagonismo de crenças entre o homem e a mulher. Aquele professa o livre-pensamento, ou a indiferença, mesmo quando se crê ou se diz religioso, porque a mentalidade do homem evolui. A da mulher não. O cérebro da mulher não digere as ideias recebidas. Conserva intactas todas as noções que lhe inculcam em criança ou moça. Conheço inúmeras que não passam de bichos ensinados. A beata, a feminista, a literata, a "terceira", a filha de Maria, são bichos ensinados, papagaios que decoram crenças e creem sem exame.

Cacoetes

Os mais vulgares são o "Já viu?", o "Sabe?", o "Sa?", o "Percebeu?".

– Olhe, eu faço constar, *já viu?*, faço constar da ata, e então você, *já viu?*, você combina com ele e arranja uma justificação, *já viu?*

É o cacoete do Xavier, traço de família, pois ninguém consome maior número de *sabes* do que o seu irmão.

– Estive há pouco no Rio, *sabe?*, e procurei o Seabra, *sabe?*, para aquele negócio, *sabe?* E ele, então, *sabe?*...

Os sóis

Os homens fortes, que vencem na vida, trazem a mola real da vitória dentro de um escrínio de orgulho. Atribuem-se todas as boas qualidades e mofam dos que as não possuem. Afirmam sem vacilar. Dão-se como centro do sistema planetário. Tudo lhes gira em torno.

Dogmatizam e aceitam os próprios dogmas como tais, sem laivo de ceticismo.

Curiosidade

Havia a princípio um só automóvel por estas bandas, que toda a população viu, cheirou, comentou. Ao cabo de certo tempo, satisfeita a curiosidade visual, o seu *têf-têf* já não fazia voltar a cara a ninguém.

– Lá vem o doutor Ferreira – pensavam todos ao ouvi-lo.

Mas apareceu agora o segundo, e mal ronca um motor acode gente às janelas, transeuntes voltam-se, conversas interrompem-se. A curiosidade impõe destrinçar qual dos dois é.

– É o do doutor Ferreira.

– É o do Indalécio.

Adquirida a certeza, tudo re-entra nos eixos.

O pitoresco

Como é viva a língua do povo! E como é fria, morta, a língua erudita, embalsamada pelos grandes escritores! Inda ontem o verifiquei ao trocar meia dúzia de frases com o carapina que está aqui reconstruindo um telheiro.

Pus-me a sapeá-lo e ele volta e meia parolava do serviço. Ao substituir uma telha que não se encaixava noutra, diz:

– Esta não serve, é muito viçosa.

Ao transportar uma viga de peroba, comenta, gemendo-lhe sob o peso:

– Isto é pau pesado por natureza.

– Não sobrarão telhas, seu Antonio? – pergunto-lhe para o fazer falar.

Ele mede as pilhas com os olhos, vagarosamente, mede em seguida a área a retelhar e:

– "Home", se sobejar é coisinha, obra de um tico.

A pequena rata

Dizia a Inesinha à sua amiga Laura:

– Sinto uma vergonha cada vez que me lembro do cartão que mandei ao doutor Pedrosa. Fiz um P tão feio...

O nababo

Comenta-se a morte de um homem soturno, que sempre viveu sem família, arredado de amigos, tremendamente misantropo, e que aos 70 anos se finou na mais extrema miséria, havendo gasto em loteria tudo quanto tinha.

– Que desgraçado! – exclamam.

– "Que homem feliz!" – penso comigo. – "Viveu de sonhos. Viveu nababescamente a sonhar maravilhas."

Como os chins ingerem ópio, ele ingeria bilhetes, notas promissórias da esperança – e sonhava.

Vaselina

Maricotinha, quando sai em companhia da irmã caçula, desempenha funções de cornaca. Dirige-a e gaba-lhe os méritos.

Se a pequena se senta ao piano, explica:

– Ela ainda não sabe essa música, está estudando; por isso não reparem.

Turismo

Excursão de bicicleta a X. Lama na volta. Noções muito justas sobre as estradas. Os *globe-trotters*, ciclistas ou automobilistas, do mundo só veem as estradas. Dissertam sobre a variedade das lamas, das argilas, dos "caldeirões", dos "facões", dos barrancos, das cercas, dos mata-burros, das pontes. O resto não lhes cai sob as vistas.

O memorial da viagem do príncipe Borghese a Pequim é todo ele um curso de estradas. Também desta marca é o de um Frazer, que li hoje.

Partiu de Southampton e para lá regressou 114 dias depois, com ciência perfeita de todas as lamas da Rússia, Armênia, Pérsia, Índia, China, Japão e Estados Unidos, onde noivou, casou e divorciou.

Lendo a história do Frazer, entristeceu-me não ser inglês. Que dote inestimável dá o pai ao filho fazendo-o ver o sol em território britânico! O inglês, onde quer que vá, está em casa, sob suas leis, com sua língua à mão. Se quer Oriente, tem toda a Índia sem sair do Império. Se lhe sabe terras da Oceania, tem a Austrália; se prefere as americanas, tem o Canadá e os Estados Unidos. Se lhe faz conta negrejar, tem quase toda a África: da virgem no Sudão à histórica no Egito. Se quer explodir leões com dunduns, vai ali a Uganda, uma tapada sua. Dê-lhe ganas robinsonear e pode escolher ilhas suas, dentro de toda uma constelação de ilhas. E para todos os pontos vai com o máximo de comodidades e de garantias, certo de encontrar bancos que lhe facilitem moeda, *residents* que o defendam do gentio, sabão Pears, bíblias e *whiskey White Label*.

Talvez venha daí a fúria itinerante do inglês: exercita-a sem sair de casa, o que é sobremaneira cômodo.

Um “prestante” cidadão

Major Bicalho, fazendeiro, filho de barões do Império, conspícuo, gravíssimo, todo axiomas, todo princípios de moral – “bicho ensinadíssimo”.

Ao ouvi-lo dissertar sobre qualquer assunto, a definição acode-nos de pronto: – burrice hierática.

Quando morrer, o necrologista dar-lhe-á o belo qualificativo de “cidadão prestante”.

Sol e pombos

Desceu no largo um bando de pombos, e como o sol rutilasse lindamente naquelas vivas alvuras irrequietas, empolguei-me no espetáculo.

Súbito, assustam-se, debandam, voam para longe. É que se aproximava o Chico Liso, mendigo horrendo, em farrapos, uma triste coisa de carne nauseante.

Que contraste, a saúde, a beleza, a harmonia, a perfeição daqueles pombos e a hediondez do Chico Liso! É ele, no entanto, o rei...

Continuo à janela. É domingo. Passa gente de rumo à igreja. Velhinhas minguadas, arrastando o corpo reumático, xale sobre os ombros ou fichu à cabeça. O *xales*, como elas dizem.

Passou a Bebé Nogueira – "tia", tipo da mulher "boa", que não casou, que é "terceira" e feiíssima de cara e corpo, atentado clamoroso contra as leis da harmonia. Passou a Biloca, mocinha torta, arcada, microcéfala, boba.

O sino repica. Todas apressam o passo. Nisso entra no largo uma vaca tangida pelo vaqueiro. A mais pacífica e inofensiva das vacas.

Pois houve tremendo pânico! Os reis dos animais e as rainhas – Bebé, Biloca, as velhas – tomavam-se de pavor e com gritinhos esgueiram-se pelos corredores ao alcance. Medo à vaca... No entanto a vaca, que não é rainha de coisa nenhuma, passou com serena majestade.

Houvesse mais justiça na Terra, e o cetro da realeza mudaria de dono naquele momento...

....

À esquina, sórdido preto rói um bico de pão apanhado no lixo.

Rei!...

....

Tantas criaturas só têm perante a natureza uma função respeitável – a de fertilizante, e a essa mesma iludem indo apodrecer nos cemitérios...

A arte de viver

O fim é nada, o caminho é tudo.

O forte e o fraco

Dar passagem, ou tomá-la, quando no passeio outra pessoa vem ao nosso encontro, é problemazinho urgente de solução instintiva. E mais uma vez ali vence o forte. Dá passagem o mais malvestido, ou o menos corpulento, ou o de ar mais resignado. Os homens enérgicos atravessam as ruas movimentadas sem ceder caminho a ninguém – e sem que ninguém os force a isso. Caminham em reta. Quem fixasse a trajetória de vários homens na mesma rua, à mesma hora, obteria um gráfico denunciador do caráter de cada um. O forte daria linha reta. O fraco, linha quebrada. O untuoso, linha sinuosa.

Oradores

Palestra com um velho parlamentar. Recordou os oradores de seu tempo. Os mais completos: Silveira Martins, pela faculdade de adaptar-se ao auditório e às circunstâncias; e José Bonifácio, como esteta da palavra, que pouco dizia, mas deslumbrava. Voz fina e sotaque paulista, sem que isso apoucasse o encanto, a vera magia de suas orações, torrentes que nenhum taquígrafo podia apanhar. Comparou-o às tempestades em que o contínuo fuzilar dos relâmpagos se entremeia de fragorosos estampidos e cegantes clarões. Fulgurava. Suas frases batiam nos ouvintes como descargas elétricas.

Ideias de velho

Um velhinho hoje, extremamente original nas ideias. Dá sobre tudo opiniões só suas. Como se queixasse de doenças várias, perguntei-lhe se consultara médico. Riu-se.

– Você concebe relojoeiro que conserta relógio pelo buraco da chave?

Os relógios do tempo dele eram de chave.

Falamos de mil coisas e por fim do caipira. Aqui propôs-me uma adivinhação: qual o bicho mais parecido com o homem?

– O macaco.

– Não. É o caipira. Tem olhos, tem pernas, tem voz articulada como o homem, e no entanto é bicho!

Eça

O Conselheiro Acácio: a banalidade solene.

Don Paez

Júri, ontem. Acusei um pobre mulato vítima de todas as más heranças do sangue, irresponsabilíssimo. Acusei-o de modo a conseguir a absolvição.

Enquanto se desenrolava a estafante leitura do processo e o mais, puxei do bolso e li à socapa (se o soubessem!...) o *Don Paez* de Musset. O tempo, assim aliviado, correu em deslize macio, e todo me lavei da sórdida impregnação do ritual judiciário no banho rítmico daqueles deliciosos versos.

... la main caresse
les seins étincelants d'une folle maitresse.

Só me despedi desse ambiente de beleza para tomar do libelo e remoer as tolices de praxe em estilo oposto ao de Musset – único adequado aos doze *pax vobis* que iam julgar.

....

À noite, linda festa para os sentidos, ao lado de Lucy num camarote, assistindo aos *Dois brasões* de Blumenthal, engraçadíssima comédia. Lucy, deslumbrante. Vestida de azul tocado a pérola, sem colete, graciosos folhos de gaze que afofavam o colo da blusa.

Nos cabelos negros e ondeados, repartidos ao meio, três gerânios cor de telha nova, postos de lado. Sobre a gaze do peito, outros gerânios irmãos daqueles. Na mão, um leque, que não foi aberto porque esfriara o tempo. E na boca irrequieta o comentário justo, fino, brincalhão.

Na vida tudo se compensa. Júri, Musset, Lucy...

Lúgubre

Depois de julgado o fato, quando o juiz de direito formula a sentença, profundo silêncio domina a sala inteira. Fora do recinto, além da grade, dez, vinte caras habituais, criaturas gulosas do epílogo que só aparecem para ouvir a sentença. Possuem fino o faro. Adivinham o momento e ao erguer-se o juiz alongam as orelhas com a mão em concha, arregalam os olhos, entreabrem a boca, corpo e alma em riste para absorver, qual hóstia santa, a palavra lúgubre da sentença.

Mera curiosidade? Sadismo?

O juiz ergue-se, de papel na mão. O silêncio é absoluto. A sala toda se transforma em ouvidos. O juiz lê "... condeno o réu tal a 5 anos de prisão celular".

Os assistentes dispersam-se, as escadarias se enchem de gente sem pressa, calada, olhos absortos. O martírio infligido a um semelhante impressiona-os como coisa que lhes pode cair na cabeça um dia. Saem, descem em silêncio. Aqui, ali, exclamações a meia-voz: "Era preciso. Por que matou?", "É necessário...", "Cinco anos passam logo".

Apresentava um os olhos vermelhos. Era amigo do condenado e trazia a missão de levar a notícia do julgamento à sua mãe. Caminhava automaticamente, vagarosamente. Esperançado, talvez, de que algum novidadeiro de pé lesto o antecipasse na triste missão.

Arte

A arte nasce quando o homem cessa de lutar contra o meio adverso. Nasce como florada consequente à completa evolução da planta. Na Grécia, a benignidade do clima e a amenidade da natureza não ofereciam resistência ao homem, e as forças que este, em caso contrário (caso da Índia, do Brasil, da Sibéria, por exemplo), despenderia em reação contra o meio agressivo convergiram para enseivar o instinto estético, dando origem à maravilhosa eclosão das artes clássicas.

Fé e ceticismo

O grande segredo da fé – o predomínio que ela exerce mesmo nos homens superiores, a sua estranha força de dominação – reside na irresponsabilidade de que imbui o crente. Dela lhe decorre a fonte de paz moral e de tranquilidade de consciência. A cega obediência a Deus, ao papa, ao padre, ao catecismo, a dogmas e regras destrói a liberdade moral – essa conquista suprema para os homens superiores, mas perigoso embaraço para o rebanho humano. Ser cético é tão raro e requer tanta energia moral que os poucos céticos que têm existido são olhados como aberrações monstruosas.

Cortar

Grande prazer dos meninos, o brincar com faca. Em casa do Aristides, ontem, notei a satisfação com que o Juquinha picava um naco de marmelada. Pegava na faca de mil maneiras, inventava posições, cortava devagar, dividindo o doce em pedaços pequeninos para que *rendesse* o prazer de cortar. Notando a sua demora, o pai ameaçou-o de mandar cortar o doce e dar-lhe um garfo. Juquinha incontinênti armou bico de choro. A mãe, compreensiva, interveio: que não, que o grande prazer do menino era cortar, que ele estava comendo aquele doce não pelo doce, mas pelo prazer de o cortar.

Fraqueza congênita

A obra de arte não tem valor intrínseco. Não há valor intrínseco. O valor de um poema reside em o número de espíritos por ele emocionados. As obras más caem por escassez de partidários.

Tema para um pintor

Goethe, passeando pelas ruas de Caltanisetta, cidadezinha da Sicília, enquanto se assava a galinha do seu jantar, foi rodeado de habitantes que o atormentavam com perguntas relativas ao grande Frederico. Comovido ante tal afeição, Goethe não teve ânimo de lhes dizer que o rei já era falecido havia meses.

As circunstâncias

Os grandes homens da história: marcos, estacas, balizas, etiquetas. Valem pelas consequências dos atos que as circunstâncias os levaram a praticar. Simples efeitos, simples resultantes de forças, dão-se como causas – e a humanidade os toma como tais. Jesus: vida determinada pelo meio hebreu-romano; resultante duma série de forças psíquicas que fatalmente produziriam um Jesus. As consequências de seus atos criaram o cristianismo. Foi causa, Jesus? Não. A causa foi a tremenda psicose dos escravos, a necessidade ambiente de um desvio funcional da sentimentalidade humana. Jesus funcionou como etiqueta, palavra de senha, marselhesa, bandeira do movimento. E de senha passou a Deus, exalçado pela vitória do movimento.

Vêm-nos tais ideias ao ver em um número da *Universal exposition de 1904* a estátua apoteótica de São Luís.

O rei monta um imponente cavalo magnificamente escamado de arneses, togado de saios, e ergue-se na sela com ar severo, escudo flor-de-lisado a tiracolo, mão a brandir esguia cruz, coroa real na cabeça. Um admirável monumento donde emana o hálito épico das obras fortes. Isso na cidade de Saint Louis, que ele patrocina.

Por que tal florificação?

Porque um pioneiro, certo dia, ao fincar a estaca inicial da grande cidade, resolveu dar àquele termo o nome do rei santo, nome que seria talvez o seu, ou o de seu pai, ou o do santo daquele dia. Se a semente da cidade plantada não germinasse, nenhuma consequência teria a sua escolha. Como vingou e cresceu, o mundo viu surgir o grande empório de Saint Louis e inúmeras outras consequências: consumo de biografias do rei francês, numerosos estudos sobre sua personalidade, glorificações de todo tamanho e, consequentemente, aumento da grandeza do rei festejado.

Ser grande é estar à tona de acontecimento social que tenha larga repercussão.

Sarah

A curiosidade de conhecer Sarah Bernhardt levou-me a São Paulo. Vi-a no velho casarão do Politeama. Sua cabeleira parece a de uma grande boneca. Abundante e loura como o sol. Sua famosa *voix d'or*, porém, denuncia a ação erosiva do tempo. Já nos graves lhe escapam rouquidões, como desarmonias de Wagner enxertadas em melodia italiana. Sarah, entretanto, ainda é Sarah. Ainda arrasta toda uma cidade ao teatro e o faz estremecer sob o fragor das ovações. Todos falamos dela com a ternura saudosa das boas amizades antigas. Só as mulheres franzem os lábios. Os homens dizem: a divina Sarah. As mulheres: a velha Sarah...

Guardar a compostura

João Gomes, pobre velhote tradicional na cidade, rato de cartório, maestro honorário da filarmônica, atravessou o largo acompanhando um carrinho empurrado por um garoto. *Acompanhando*... Isto é o que João figurava fazer, porque de fato quem movia o carrinho era ele, João Gomes.

Coisas do mundo! João decairia do seu pedestal se francamente empurrasse o carrinho. Para evitá-lo, meteu nos varais o pequeno. Salvou as aparências. Não estava a *puxar*, estava a *guiar*... Todos viram a tramoia, mas ninguém se chocou, nem murmurou palavra, visto como João fazia a coisa mais agradável à sociedade: guardar aparências.

A vida que João leva está simbolizada nesse caso do carrinho. João é pobre, paupérrimo, sempre o foi, mas finge-se remediado e guarda as aparências desse degrau, gozando a consideração com que a cidade lhe galardoa a longa e inocente mentira.

A fraude suave...

À beira do X

Sinto que lá me esqueci qualquer coisa. Procuro recordar-me, forço a memória. – Está frio… – Esquentando. – Esfriou de novo... – Está queimando agora... Percebo-me à beiradinha do X. E lá me foge. E não me recordo...

Acaso?

Jogo de coincidências?

Em pequeno fui um grande guloso de cabeludas, frutinha amarela, que se faz hoje extremamente rara. Como as esporinhas, a maravilha, o alecrim, a romã, ninguém a cultiva hoje, que os pomares e jardins se civilizam e andam todos à moda. Em casa, na fazenda em que nasci, havia um pé de cabeluda, escarrapachado, de copa em saia a relar o chão. Era meu. Boas horas passei dentro dele a chupar as frutinhas. Depois, faz isso 12 anos, as coisas mudaram, o mundo virou e nunca mais tive ocasião de ver sequer uma cabeluda, ou ouvir falar nelas.

Pois bem: descobri há dias, cheio de emoção, um pé de cabeluda ao fundo da chácara velha. E carregadinho! Regalei-me infantilmente e enchi os bolsos logo que o estômago deu o basta.

De volta, detive-me em casa da velhinha amiga, pois nunca passo por ali sem portar. Livro vivo do passado, é uma delícia ouvi-la. Encontrei-a como de hábito na rede; e ao pé dela, na cadeira pepé, cadeira de pernas cortadas onde sempre me sento, uma criaturinha humilde, trajada pobremente.

A boa velha teve um clarão nos olhos ao ver-me.

– Esta mocinha anda campeando cabeludas. Precisa de "umas par delas" para a irmã que está muito malzinha no hospital. Já correu a cidade inteira, e nada. Quem sabe se o senhor sabe de algum pé por aí? A pobrezinha vai morrer e seu último desejo é chupar cabeludas...

– Sei. Sei onde há cabeludas – respondi.

A fisionomia de ambas iluminou-se.

– Onde? – perguntou a velha, detendo o balanço da rede.

– Aqui. Ei-las! – exclamei teatralmente, despejando um bolso de cabeludas no colo da mocinha assombrada, enquanto a velha erguia as mãos para o céu, convicta de milagre.

Saí impressionado. Haveria atrás dessa cadeia de coincidências um ligador de elos? O desejo da doentinha; as pesquisas da irmã; o meu achado; a minha visita à velha; o nosso encontro lá; as frutas no bolso – coisa que jamais fiz. Acaso, coincidência: palavras que definem a trama, mas não a explicam. E tudo na vida não é assim? Definimos, classificamos. Não explicamos coisa nenhuma. Falta-nos o sexto sentido.

Descoberta da pólvora

A alvorada do espírito crítico nos novos fá-los descobrir, usar e abusar de lindos axiomas inéditos, criados pela pujança do cérebro em primavera. E eles exultam. Mais tarde, porém, descobrem, vexados, que tais maravilhas de ineditismo não passam de chavões em desuso, postos nos desvios por motivo de velhice. São novidades de cabelos brancos, notas recolhidas. Só então se convencem do "nada há novo sob o sol".

Associações

Súbito, entrei a trautear mentalmente certo motivo da *Aída*, prelúdio do terceiro ato, creio. Motivo litúrgico, rico de sons misteriosos e graves, que brotam do âmago de templos mortos e dão melhor ideia do Egito dos Ramsés do que todas as reconstituições eruditas.

Esses motivos musicais caem-me no cérebro como sementinhas trazidas pelo vento, e ficam em repouso, latentes. Em dado momento, por força da sugestão duma cor, duma palavra, dum cheiro, dum som, duma lembrança, entram a germinar e vibram durante minutos, durante horas, durante o dia inteiro às vezes. Depois morrem de novo.

Quantos misteriosos pólens circulam no ar, e que grosseira é a nossa embrionária percepção!...

A música

Maravilha das maravilhas! Há meio século, num ponto da Itália, certo italiano, em momento de inspiração, sentiu agremiarem-se-lhe na cabeça núcleos de sons musicais, que ele estilizou e meteu em certo melodrama.

Este fenômeno fixou em definitivo aquela forma de sons, frase que eu hoje, 50 anos depois, a mil léguas de distância, tenho a vibrar na memória e trauteio em surdina, gozando a estranha sedução que dela emana. E na Índia, às costas dum elefante, estará essa mesma ária bailando na memória de um turista. E em Viena, quem sabe, um cantor de rua a está garganteando. E pelo mundo inteiro, durante séculos, quantas vezes não subirá à tona da memória do homem, e o não trauteará ele o motivo que o italiano criou? Essa fixação pela arte e esta transmissão pela psíquica através do tempo e das léguas incontáveis não são a maravilha das maravilhas?

Telepatia

Dona Isaura recebeu de sua maior amiga um cartão de boas-festas. Responde hoje, responde amanhã, só no quarto dia o fez. Mas ao lançar o sobrescrito, capta num frêmito este gelado frenograma: *Anita morreu.*

Meia hora depois o telégrafo confirma o aviso psíquico.

Mark Twain compôs bonito estudo sobre a telegrafia mental, denunciando a constante e inapercebida entreinfluenciação dos cérebros. Transmissão de ideias, de planos de romance, "coincidências" de todo gênero. O conceito da seleção natural, exemplo célebre, transmitiu-se de Wallace a Darwin, ou vice-versa. O mesmo sucedeu com o plano e ideação do *Candide*, de Voltaire, e do *Rasselas*, de Johnson.

Quantos casos! A concepção do cálculo diferencial, o descobrimento de Netuno, a decifração dos hieróglifos egípcios, a teoria ondulatória da luz, a descoberta do equivalente mecânico do calor, da correlação de forças, da telegrafia, do espectro....

O inventor, ou a quem ocorre a ideia nova, transmite-a por irradiação para o mundo inteiro, por intermédio de meios ainda não estudados.

Se tal onda topa no percurso algum cérebro receptor, entra e fica. Claro que passará por *todos* os cérebros. Só impressionará, porém, o cérebro receptor. As criaturas que pressentem possuem cérebro receptor. Pensamento que nos surge inopinado, fora da seriação lógica em que se associam as ideias, como explicá-lo senão como adventício, como andorinha que pousou de passagem?

A unidade

Não serão alotropias da gravitação universal o instinto e a inteligência?

As petas

Grande festa para a criançada, o primeiro de abril. De véspera já todos dormem a planear petas, e mal se levantam principia a serrazina.

Ruth, depois de esgotado o seu estoque de petinhas para gente grande – lindas petas de um anjo de 4 anos –, resolve pregar uma no cachorrinho.

Tupi, está claro, caiu, e ela, radiante, vem contar a proeza.

– Tupi caiu! Tupi caiu!

– Como foi?

– Eu disse: "Olhe, Tupi, um aeroplano voando!". O bobo olhou. "Primeiro de abril! Primeiro de abril!" Se você visse a carinha dele...

Ideiazitas

O mais velho, que já lê jornais, conta ao Guilherme coisas da guerra, e fala da fome na Europa em termos de compungir.

– .. manteiga e carne, então, xi!... Só para os ricos, mais que ricos, só para os milionários, e mesmo assim, só para enfeite.

– Não comiam?

– Que comer! Carne, quem pilhava uma isca mandava logo fazer anéis, brincos de orelha – e as mulheres que tinham anéis e brincos de brilhantes morriam de inveja...

Grafologia

Fiel espelho da nossa vida, a nossa letra. Nossa letra só *assenta* quando nossa vida assenta. Vida no ar, letra no ar. Letra que balbucia, tateando, procurando sua forma: vida de criança, vida de ser que se forma. Letra líquida, informe, que vacila, varia e muda: vida de rolha à tona de vagalhões. Letra com solidez de moirões de cerca: vida cristalizada dos homens de vontade férrea.

Feminilidade

Todos temos nossa galeria de retratos femininos. Para a minha entrou um novo – o de dona Chiquita. Mau nome, que não condiz o diminutivo com tão esplêndida mulher. Trinta e cinco, por aí, em pleno verão já laivado de outono. Carnes cheias, apertadas com fina elegância em casimiras colantes. Nos cabelos negros – como santelmo desnorteado no escuro da noite, linda mecha a grisalhar. Seduz com a boca. Como a tem viva e espirituosa! Lábios irrequietos, com que arte eles afeiçoam as palavras que saem da boca! Realmente é isso! Os lábios dela dão um último retoque às palavras, retoque gentilíssimo, e fazem-nas revoar como aves raras. Todo mundo diz – *cadeira*, e se não junta qualificativos produz a mais incolor das imagens. Dona Chiquita, porém, modula tal palavra com nuanças que dispensam adjetivos. Se estofada, sai-lhe um *cadeira* macio; se de palhinha, dá-lhe tom de seca sobriedade.

Deixa cair, quando conversa, a mais irônica, viva, mordaz e "pinturesca pintura" das coisas, dos fatos e dos tipos.

Imperceptível *cicioso* contribui também, qual condimento sutilíssimo, para reforçar o valor sensual das palavras que modula. *Modula*, é bem isso!

Ao ouvi-la como quem ouve música nova, pilhei-me várias vezes. Falando de coisinhas insignificantes, ourivesaria miúda, afigurou-se-me uma Cellini instantânea, que imagina e realiza, incontinênti, os mais caprichosos *capriccios* verbais. Seus lábios valem por mágico aparelho de transformar os sons que a garganta emite em irrequietas joias, lavradas com arte que é a um tempo música, expressão fisionômica, sensação visual e capitoso vinho para o espírito.

A vida

Quem criou a famosa imagem do "banquete da vida" foi gênio da melhor água. Perfeita!

O bêbedo que não sai da esquina lançou-se ao vinho, não despega dessa preferência e bebe a sua parte e a de vários outros, abstêmios.

Dona Chiquita reserva-se os doces finos, os papos-de-anjo, as compotas; pesca as azeitonas tentadoras, lambisca, por extravagância, um *pickles* redondinho, morde nesgas de fiambre.

O comendador abusa, despótico, da sua posição ao lado das iguarias sólidas, e mastiga com serena calma os bons rosbifes, os lombos, os queijos.

Já sua esposa, sempre queixosa, quer o que é raro e caro – ostras, peixes de longe, *foie gras* de Nantes, empadas, seu copo de Borgonha.

Sara, a cozinheira, é o operariado. Não janta, não escolhe. Devora o que sobeja.

A copeira representa a classe média, industrial, veicular. Pilha de passagem.

Os fortes

Nas multidões, quando o povo cerra em massa, formam-se correntes em vários rumos, que morosamente defluem. Mas surgem indivíduos rebeldes, impacientes, que rompem a massa à força de cotovelos, justificando-os com brutais "com licenças" e vão varando, ao arrepio das correntes, surdos à cólera tímida do rebanho. Lembro-me desses homens sempre que leio a palavra – *struggler for life.*

A velhinha

A minha boa velha lá do fim da rua contou-me nova história da sua cabra. Vim cheio de cabras na cabeça. Fui à Grécia ver a cabra de Júpiter, cheguei a Caxemira – e tive a visão dos jumentos de Pompeia.

Daí o povoar-se-me o sonho da manhã de magníficos animais domésticos. Lembro-me dum trecho: luta feroz entre formosíssimo touro e um homem de pé sobre um carrinho de criança, puxado por grande bode preto.

Ao acordar-me, de nada me lembrei. Foi depois, ao ler umas páginas de Nietzsche, que dum jato me veio o sonho e com ele a ideia de jogar na cabra. Joguei e deu a cabra.

Tenho três fatos coincidentes: o sonhar com a cabra, o deliberar a parada e o dar o meu jogo. O segundo tem origem evidente no primeiro, mas o deliberar firmemente, de *convicção inconsciente*, já não constitui *processus* singelo e cai no terreno do inexplicável; o advento do terceiro desnorteia-me.

Existiam já os dois primeiros quando o terceiro, incriado até o momento de correr a roda, sobreveio. Existiu sem gérmen causal.

Sem gérmen causal!... Como é fácil o malabarismo das palavras! Para a mecânica das forças naturais o futuro está rigorosamente predeterminado pelos fatores que o terão como resultante. A+B+C+D+ .... = F. Enquanto se vão seriando os fatores cuja resultante está no futuro, *pari passu* se vai predeterminando o futuro, que não existe mas já está condicionado. Isto é imagem grosseira do como procede o mecanismo da natureza, agindo com milhões de fatores que em absoluto escapam à percepção humana consciente.

Consciente, porque pela percepção inconsciente esse total-futuro é às vezes vislumbrado. Como? Ignoramos. Temos a palavra "pressentimento" para nomear o fenômeno, e contentamo-nos com isso. A minha resolução de jogar, o meu palpite, não será uma dessas percepções inconscientes? Adivinhar! Palavra de sentido imensamente profundo. Será *conhecer*, por meio dum processo desconhecido, o que ainda se não efetivou, mas que se efetivará fatalmente? Adquiriremos um dia o sexto sentido divinatório, que devassará o futuro como a visão devassa o espaço?

Júpiter tonante

Há uma freguesia aqui perto que tem igreja mas não tem padre. Não rende para sustentar um padre e lá não quer morar nenhum. Como ia para 4 anos que a igreja estava fechada, mandaram daqui um padre a desengafar-lhe as ovelhas.

Escolheram mal. O cônego Licurgo é homem sanguíneo, violento, pouco adequado a lidar com ovelhas. Fazendeiro, prefere amansar bois e acertar cavalos. Mas foi.

Logo ao chegar soube que a gafa maior era a do espiritismo, e deliberou pregar a fundo contra a nova religião.

Templo cheio. O padre, apoplético, mugiu horrores contra a novidade. Um padeiro espírita, que estava presente, insurgiu-se e bradou um enérgico "Não apoiado!".

O padre subiu a serra.

– Quem foi o cachorro que deu "não apoiado"?

– Fui eu! – retorquiu o heroico descendente da Brites de Aljubarrota.

– Pois ponha-se no olho da rua, já, seu cão!

– Daqui não saio, que a igreja é pública.

A cólera do padre subiu a cem graus.

– Não sai? Pois espere aí!...

E botou-se do púlpito abaixo, arregaçando a batina. O poviléu, tomado de pânico, disparou. Houve atropelo à porta. Uma criança esborrachou o nariz e várias mulheres torceram o pé. Esvaziou-se o templo e o conêgo, prestes a rebentar de apoplexia, berrou para os últimos retirantes:

– Cachorrada! Vão todos para o diabo que os carregue!

E trancou de novo as portas da igreja.

As mulheres

Não sei de homem que se casasse com mulher cega ou aleijada – e não há cego ou aleijado que não encontre esposa.

Palestras femininas

Numa palestra de dona Estela...

Palestra é modo de dizer; numa audição é o certo, porque as mulheres, no geral, não conseguem manter o tom da conversação equilibrado no ritmo alternativo do "fala um, responde outro". Nada disso. O que elas querem é falar. Falar por falar. Falar a todo o transe, por fás ou por nefas, até a exaustão.

Numa palestra de dona Estela desfilam reis, príncipes, arminhos, peles de zibelina, casos de diplomatas, riquezas, milionarices, escândalos de bom-tom, sábios, professores notáveis, rendas caras, joias, grandezas de toda ordem. Embora principie a parolagem com assunto pobre, insensivelmente ela o guinda ao edredom onde o seu temperamento se compraz.

Atavismo? Nada disso. Influência de Ponson du Terrail, o visconde.

Malsão

Lá-bas, de Huymans, é livro que tresanda a cadáver – e a cadáver de religião.

Cheiro de água Labarraque, de pó de recantos de altar, de flores secas, de fumo de círios. Puro hospício de doentes atacados de medievalismo atávico.

Carhaix, um católico do século XIII; Mme. de Chantelouve, pura loba de sabá; Gevingey, egipcíaco, perfeito súdito de um faraó; Des Hermies e Durtal, dois medievos por atavismo, que repudiam o presente, sentindo-se por ele repelidos.

Livro que lembra a *podridão dos hospitais*, chaga antiga que a higiene moderna suprimiu.

Dumas, pai

Kean, o velho *Kean*... só ontem travamos conhecimento. Seduziu-me aquele ar de nobreza que é o ambiente dos seis atos. "Vai, besta de carga, agora que estás aparelhada, vai puxar essa charrua que se chama Shakespeare!" A super-humanidade do príncipe de Gales vale por fulguração de luz estranha, desses clarões de que nos desabituou a arte de hoje, a arte democrática do documento plebeu, cujas retortas, engafeiradas no cozimento de tipos apanhados na rua ou nas alfurjas imundas, emporcalham o tom de alguma figura de pré-homem que se procure tirar por elas.

A avareza

Um Harpagão de 20 anos é absurdo.

A avareza cresce com os anos, porque vai tomando no homem os espaços que com o tempo outras formas de egoísmo deixam vazios.

A felicidade dos outros dá ao infeliz a impressão de cruel injustiça. Pudesse um cego monopolizar os olhos da humanidade e ele o faria para os destruir. A quem não mais pode gozar os prazeres que o dinheiro dá, cada moeda subtraída ao giro é um prazer a menos nas mãos dos outros. Os outros quer dizer os sãos, os jovens, os para quem o dinheiro é ainda o meio mais seguro de adquirir felicidade. O tio Grandet era velho; Shylock também. Há em Camilo um maravilhoso avarento de 60 anos, João Antunes. De 20 anos nenhum foi posto em cena.

Os velhos perdoam tudo, menos o roubo. Para o moço o menor dos crimes é o roubo.

Errare

No princípio era o macaco. Integrado na natureza, a exemplo de toda a animalidade, tinha, como todos os animais, a sabedoria dos instintos, a disciplina da célula em um grande corpo, a afinação de uma nota no concerto universal.

A natureza, una, regia-se pelas leis comuns que mais tarde filósofos chamaram biológicas. Ave ou peixe, mosca ou probóscida, a vida na Terra evolvia num sentido profundamente sábio de adaptação, sob a vigilância do deus único – o Instinto.

Mas um macaco, certa vez, falseou de equilíbrio em seu galho e caiu por terra. E ao cair chocou num lajedo o crânio continente, de modo a lesar de lesão grave o cérebro conteúdo.

Lesão grave! Gravíssima!

Lesão especialíssima que determinou naqueles miolos um estado patológico *sui generis*, absolutamente inédito e jamais repetido em tombo nenhum de nenhum outro ser vivente.

Consequência: o lesado entrou a agir de maneira diversa de seus irmãos. Enquanto estes, felizes, continuavam a viver na feliz integração da natureza, guiados sempre pelo deus interior, o macaco doente, vítima de eterna cefalalgia, punha-se de lado, *pensativo*, a *ver* e a *errar*.

Errava na escolha dos alimentos, errava na eleição dos galhos de pouso, errava na escolha das macacas.

Entre irmãos infalíveis, vivíssimos e sadios, o pobre doente *distraía-se*, todo ele movimentos morosos, incoerentes – e *pensava*.

A lesão fez abrolhar em seu cérebro o gérmen de uma coisa inédita no mundo e que mais tarde se denominou – inteligência.

Coisa nova, doença mental, desvio, força não prevista no plano biológico, mal suscetível de evolução imprevisível, norteada para rumos não sonhados pela mecânica da vida. E mal que se perpetuaria na descendência do macaco lesado, dando como resultante o *Homo*.

Hoje, com milhares de séculos de permeio, nós, descendentes do pensativo inicial, sentimos no cérebro a força já imensa que resultou da lesão.

A dor de cabeça persiste e força-nos a caminhar sempre em divórcio com os sábios mandamentos de *Bios*.

Criação extranatural, rebelde às leis da unidade, evolve sempre, cresce e arrasta consigo o ser parasitado, como o cancro arrasta e determina o canceroso.

E o *Homo*, triste descendência de um indivíduo lesado, vê todas as espécies felizes, paradas no admirável equilíbrio que o Instinto produz.

E queixa-se.

E toma aspirina.

E multiplica-se, e inventa, e faz-se o gênio novo da Terra, algo super, a coisa extra, o desnorteante flagelo do planeta e o pior flagelo de si próprio.

E é soberanamente infeliz.[1]

[1] *Este tema foi mais tarde desenvolvido no conto "Eva no Paraíso...". Nota da edição de 1946.*

Bibliografia selecionada sobre Monteiro Lobato

De Jeca a Macunaíma: Monteiro Lobato e o modernismo, de Vasda Bonafini Landers. Editora Civilização Brasileira, 1988.

Juca e Joyce: memórias da neta de Monteiro Lobato, de Marcia Camargos. Editora Moderna, 2007.

Monteiro Lobato: intelectual, empresário, editor, de Alice M. Koshiyama. Edusp, 2006.

Monteiro Lobato: furacão na Botocúndia, de Carmen Lucia de Azevedo, Marcia Camargos e Vladimir Sacchetta. Editora Senac São Paulo, 1997.

Monteiro Lobato: vida e obra, de Edgard Cavalheiro. Companhia Editora Nacional, 1956.

Monteiro Lobato: um brasileiro sob medida, de Marisa Lajolo. Editora Moderna, 2000.

Na trilha do Jeca: Monteiro Lobato e a formação do campo literário no Brasil, de Enio Passiani. Editora da Universidade do Sagrado Coração/Associação Nacional de Pós-Graduação em Ciências Sociais, 2003.

Novos estudos sobre Monteiro Lobato, de Cassiano Nunes. Editora Universidade de Brasília, 1998.

Revista do Brasil: um diagnóstico para a (n)ação, de Tania Regina de Luca. Editora da Unesp, 1999.

Um Jeca nas vernissages, de Tadeu Chiarelli. Edusp, 1995.

Vozes do tempo de Lobato, de Paulo Dantas (org.). Traço Editora, 1982.

Sítio eletrônico na internet: www.lobato.com.br
(mantido pelos herdeiros do escritor)

Este livro, composto nas fontes Electra LH, Rotis e Filosofia,
foi impresso em papel pólen soft 80 g/m² na Yangraf.
São Paulo, Brasil, março de 2012.

Conferenci
Georgismo e Comu
América
eratura do Minarete
Crônicas
urup
deias de Jeca Tatu
Mr. Slang
Problema
Zé Brasil Crônicas
Pererê: Resultado de um
Cart
A Onda Verde
Miscelâne
Ferro
O Presidente N
Opiniões
Na Antevésp
Fragmento
Voto Secreto
Prefácio
Jeca Tatu
A Barca de Gleyr
Macaco que se fez Homem
imposto úni
NEGRINHA
Entrevistas
Cartas Escolh
Cartas de Amo
alo do Petróleo